Andreas Malessa

Einen **AIRBAG** für die Seele, bitte!

Was tun gegen die Angst?

Andreas Malessa ist Hörfunkjournalist mehrerer ARD-Sender, Theologe, Buchautor und Referent für kirchliche, soziale und kulturelle Themen. Er schrieb die Musicals „Amazing Grace" und „Martin Luther King", ist verheiratet, Vater zweier erwachsener Töchter und lebt in der Nähe von Stuttgart.
Veranstaltungsanfragen und Kontakt zum Autor:
www.andreas-malessa.de

Von Andreas Malessa außerdem im BRUNNEN Verlag erschienen:
Vergeben kann man nicht müssen. Weiterleben, wenn Unverzeihliches geschieht (mit Ulrich Giesekus), 5. Aufl.
Männer sind einfach … aber sie haben's nicht leicht (mit Ulrich Giesekus), 6. Aufl.
Was gibt's da zu feiern?! Weihnachtsgeschichten, kurz und gut, 2. Aufl.
Was gibt's da zu lachen?! Advent und Weihnachten, mal so gesehen, 3. Aufl.
Malessa macht Urlaub, 26 Feriengeschichten von A–Z (auch als Hörbuch, gesprochen vom Autor)

© 2020 Brunnen Verlag GmbH, Gießen
Lektorat: Petra Hahn-Lütjen
Umschlaggestaltung: Jonathan Maul
Satz: DTP Brunnen
Herstellung: CPI books GmbH
ISBN Buch 978-3-7655-2098-3
ISBN Ebook 978-3-7655-7550-1
www.brunnen-verlag.de

Inhalt

Über dieses Buch 5
   Chris Pahl: Mutschreiber! 5
   Andreas Malessa: Airbag-Check 7

1 Trotzdem Angst haben dürfen 9
2 Immer da, nie zugegeben 17
3 Wenn das rauskommt! 25
4 Helfen Fakten gegen die Angst? 37
5 Halt, stehen bleiben. So sein dürfen 51
6 Die Ahnen erahnen 63
7 Ehrfurcht gegen Angst 73
8 Trost ohne Airbag 79
9 Angst vor Freiheit und Zukunft 87
10 Der Name. Das Programm gegen Angst 97

Anhang 105

Über dieses Buch

Chris Pahl: Mutschreiber!

Dieses Buch ist ein starkes Zeichen gegen die allgegenwärtigen gesellschaftlichen und privaten Ängste. Andreas Malessa macht Mut und haut ehrlich und mit viel Augenzwinkern seine Meinung raus. Die biblische Mose-Geschichte wird dabei passend in unseren Alltag interpretiert.
Wir brauchen mehr solcher Mutschreiber!

Chris Pahl, Buchautor und Projektleiter
des Jugendevents *CHRISTIVAL 22*

Über dieses Buch

Andreas Malessa: Airbag-Check

„Woher wissen Sie, dass der Wagen einen Airbag hat?"
„Na, weil's draufsteht. Auf dem Armaturenbrett, am Lenkrad oder an den Stellen der Innenverkleidung."
„Sind Sie sicher?"
„Ja doch! Im Handschuhfach liegt eine dicke Betriebsanleitung, die voraussetzt, dass es ihn gibt. Vermutlich steht sogar drin, wie er funktioniert."
„Vermutlich?"
„Na ja, das ganze Manual gelesen hab' ich jetzt nicht. Wer macht das schon?"
„Aber die wichtigsten Funktionen geprüft haben Sie doch sicher? Schließlich hängt Ihr Leben davon ab."
„Ich bin doch nicht der TÜV, sondern der Kunde. Ich vertraue dem Händler."
„Sie vertrauen dem Händler ..."
„Ja, gut, es gibt solche und solche. Aber wenn ein Airbag im Listenpreis schon drin ist, gehe ich mal davon aus, dass ..."
„Wollen Sie, dass er zum Vorschein kommt?"
„Um Himmels willen, nein!"

1
Trotzdem Angst haben dürfen

Schade, wenn Leute von Gott denken wie von ihrem Airbag im Auto.
Ob's ihn gibt oder nicht, lassen viele Menschen offen. Hoffen aber, dass Gott nie „gebraucht" wird, also schockartig zum Einsatz kommen müsste wie ein Airbag beim Crash. Wenn der Ehepartner mit Trennung droht oder sie tatsächlich scheidungsamtlich durchzieht. Wenn die kleinen Kinder lebensgefährlich krank werden oder die jung-erwachsenen Kinder den Kontakt abbrechen. Wenn die intriganten Winkelzüge eines hässlichen Rosenkrieges zu einem handfesten Sorgerechtsprozess eskalieren. Wenn die Firma pleitegeht, der Familienernährer arbeitslos ist, der Schuldenberater eine Privatinsolvenz feststellt und die Wohnung gekündigt wird. Wenn der Hausarzt eigeninitiativ anruft. Weil er im persönlichen Gespräch das Laborergebnis mitteilen muss: Krebs! Unwiderlegbar Krebs.
Dann, ja dann!!
Schade.
Schade finde ich eine solche Einstellung aus zwei Gründen:
Die Möglichkeit eines lebenslang gepflegten Vertrauens-

verhältnisses zu Gott wird verschenkt. Der innere Dialog und eine dadurch gewachsene Liebesbeziehung finden nicht statt. Ein ganzes Leben voller Erfahrungen im Umgang miteinander wird verpasst. Die Chance fortschreitender Persönlichkeitsreifung durch Spiritualität wird vertan.

Stattdessen reduziert sich die Gottesbeziehung auf eine Art juristischen Anspruch: Weil bei meiner Taufe die Eltern und Paten – und bei meiner Kommunion oder Konfirmation ich selbst – mal gesagt haben „Ja, ich glaube", wurde damals eine religiöse Lebensversicherung abgeschlossen, von der ich jetzt im leider eingetretenen „Versicherungsfall" auch die vereinbarte Summe Trost und Kraft ausbezahlt kriegen sollte.

Kommt die nicht – jedenfalls nicht zu meinen Lebzeiten –, dann ist Gott vertragsbrüchig und ich bin wütend wie auf einen Automaten, der das Geld schluckt, aber die Ware nicht ausspuckt.

Alle Menschen, jedenfalls alle, die ich bisher kennengelernt oder von denen ich gehört habe, leben mit dem völlig berechtigten Wunsch, in ein dickes weiches Kissen zu stürzen, wenn ihnen ein Unglück widerfährt. Wünschen sich, schützend aufgefangen und umhüllt zu werden. Getröstet in anhaltender Umarmung hemmungslos weinen, bitterlich klagen und empört schimpfen zu dürfen. Unkommentiert und ohne Werturteile durch die unabsehbar lange Dauer des Schreckens begleitet zu werden. Wünschen sich, in Schmerzen, in Verzweiflung, in Trauer eine haltende Hand zu fassen. Eine völlig berechtigte Sehnsucht. Sogar dann, wenn es ein selbst verursachtes Unglück war, das da hereinbrach.

Viele „Unfallopfer" des Lebens machten dabei aber die Erfahrung: Der religiöse Airbag ging gar nicht auf! Gott schien weiter fest verpackt in rot beleuchteten Tabernakeln und kerzenumstandenen Altären, kam nicht raus aus dem Stauraum weihevoller Erhabenheit, raus in den windumtosten Dreck der Straße, in die beklemmende Stille der Wartezimmer, in die grell erleuchtete Sterilität der Operationssäle oder die latent verärgerten Warteschlangen auf Sozialbehörden und Ämtern.

Gott schwieg. Versteckte sich. Blieb unerfahrbar.

Nun gibt es aber ja auch das positive Gegenteil:
Menschen, deren „Glaube" – ihr Vertrauensverhältnis, ihre Liebesbeziehung, ihr kontinuierlicher innerer Dialog, ihr Umgang und ihr Erleben mit Gott – sie beim Crash tatsächlich schützend aufgefangen hat!

Der Airbag ging auf, ein Kissen aus Trost und Nähe federte den Aufprall ab!

Sie wurden durch ihr Gottvertrauen, ihre Gebete, ihre Gedanken und Empfindungen im Gottesdienst wirkungsvoll und nachweislich bewahrt.

Bewahrt vor der Depression, dem Verrücktwerden, dem körperlichen Krankwerden. Behütet vor selbstmitleidigem Gekränktsein, vor zynischer Bitterkeit und schleichender Vereinsamung.

„Dein Glaube hat dir geholfen", sagt Jesus zu einer Frau, die nur durch eine flüchtige Berührung mit ihm gesund wurde.[1] Verständlicherweise freudig erzählen solche „Gläubigen" dann von ihrer wunderbaren Gotteserfahrung und verständlicherweise häufig werden sie als schlagender Beweis oder lebendiges Zeugnis für Gottes trostvolle Kraft und Macht herumgereicht. Zur Stärkung, zur Ermutigung, zur Inspiration ihrer Zuhörer. Prima. Her damit. Gar nichts dagegen. „Mut machen" und „Hoffnung geben" sollte man wenigstens versuchen dürfen, denn „wes das Herz voll ist, läuft der Mund über"[2]. Optimismus kann anstecken sein. Lachen ist es sowieso.

Aber – und dieses Aber ist der zweite Grund, warum ich die „Mach-mir-den-Airbag"-Haltung schade finde: Diese sehr persönliche Erfahrung einer tief greifenden Gottesgeborgenheit, eines sicher Umhüllt- und Aufgehobenseins ist nur in den seltensten Fällen wirklich übertragbar. Einem Geängstigten nützt der Zuruf „Hab' keine Angst!" meist wenig.

Dass alle Jungs meiner Klasse im Schwimmunterricht bereits einen gekonnten Köpper vom Dreimeterbrett gemacht hatten, verringerte meine Angst kein bisschen, als ich bibbernd hoch oben an der Kante des schwingenden Sprungbretts stand. Im Gegenteil: Es erhöhte auch noch den Druck, jetzt bloß keine Angst zu haben! Hatte ich aber.
Und schämte mich dafür.

Statt von Gott in der schiefen Metapher eines Airbags zu reden, eines Luftkissens gegen die Prellungen, Blessuren und seelischen Hämatome des Alltags; statt ihn zum religiösen Stoßdämpfer gegen die Schlaglöcher auf unseren Lebenswegen zu verzwecken, will ich erst mal wissen, wie Jesus mit der Angst umging und wie er von ihr redete.

Warum Jesus?

Weil ich Christ bin. Und „Christ" bin ich nicht einfach deshalb, weil ich „an Gott glaube" – das tun Juden und Muslime auch –, sondern weil ich glaube, dass Gott so ist, wie Jesus ihn uns schildert. Und weil ich glaube, dass Gott den Menschen so will, wie Jesus ihn uns vorgelebt hat. Dass er also der Prototyp des Menschlichen an sich ist, an dem ich Maß nehmen kann.

„Und Jesus fing an, bekümmert zu werden und heftig zu zagen"[3], erzählt Evangelienautor Matthäus, „Er geriet in Todesangst und betete heftiger und sein Schweiß wurde wie Blutstropfen, die auf die Erde fielen"[4], sagt das Lukasevangelium, „Er hat Gebete und flehentliche Bitten mit starkem Geschrei und Tränen vor den gebracht, der ihn vom Tod erretten konnte und ist erhört und befreit worden aus seiner Angst"[5], heißt es rückblickend im Hebräerbrief.

Die bewaffneten Suchtrupps der Römer sind Jesus nämlich bereits auf der Spur. In wenigen Augenblicken wird er verhaftet werden, morgen wird man ihn öffentlich zu Tode foltern. In dieser Situation „vor Angst schreien" zu müssen oder „Blut und Wasser zu schwitzen", wie wir umgangssprachlich heute noch sagen, ist zutiefst menschlich. Panik ist nichts, wofür man sich schämen müsste oder getadelt werden könnte. Todesangst erst recht nicht.

„Ich höre ein Geschrei wie von einer Gebärenden": Rund sechshundert Jahre vor Jesus hatte der Prophet Jeremia die Zerstörung Jerusalems vorausgesagt und die Stimmen in seinem Kopf mit der Angst einer Hochschwangeren verglichen: „Angstrufe wie von einer, die in ersten Kindsnöten ist. Ein Geschrei der Tochter Zion, die da keucht und die Hände ausbreitet: Weh mir, ich muss vergehen vor den Würgern."[6]

Angst haben ist wie in einem „Rachen"[7] sitzen, der zuschnappen kann.

Angst ist „die Erde ansehen und nichts als Trübsal und Finsternis finden im Dunkel"[8]. Ängste sind Fesseln, Angst ist die Hölle: „Stricke des Todes hatten mich umfangen und des Totenreichs Schrecken hatten mich getroffen, ich kam in Jammer und Not."[9]

Kurz und schlecht: Jesus sagt seinen Jüngern lapidar auf den Kopf zu: „In der Welt habt ihr Angst." Basta. Die tröstliche Fortsetzung dieses gern und oft zitierten Satzes – „aber seid getrost, ich habe die Welt überwunden"[10] – bedeutet ja zunächst mal: „Ich. Ich habe sie überwunden. Ihr noch nicht."

Bibelleser haben gezählt, dass in der Bibel – je nach Übersetzung – 366-mal „Fürchtet euch nicht!" steht. Also für jeden Tag des Jahres und den 29. Februar obendrauf – in der Heiligen Schrift jeweils einen beruhigenden Zuruf gegen die Angst. Schön.

Das setzt aber doch offenbar voraus, dass es täglich Gründe gibt, Angst zu haben, oder?

2

Immer da, nie zugegeben

Wann immer die demografischen Pulsfühler der Nation – also Allensbach, Forsa, Dimap etc. – nach den „Ängsten der Deutschen" fragen, unterscheiden sie in der Auswertung der Antworten zwischen sogenannten „kollektiven Ängsten" vor Terror, Krieg oder Umweltkatastrophen und „individuellen Ängsten" wie z. B. Krankheit oder Tod. Sie trennen also Befürchtungen, die eine Gesamtgesellschaft betreffen, von denjenigen Befürchtungen, die nur den Einzelnen ängstigen. Bei den *individuellen* Ängsten landen fast immer auf den ersten fünf Plätzen: Krebs, Tod eines Kindes, berufsunfähig machende Invalidität, Pflegebedürftigkeit im Alter und Zerbruch der Familie.

Nun ja, durch gesunde Lebensweise kann man einigen dieser Angstmacher vorbeugen. Aber was, wenn die Angstquellen unausweichlich *vererbt* sind?

Wenn sie „genetisch bedingt" sind, wie wir populärwissenschaftlich sagen, als wäre das eine Erklärung. Welches Gen löst denn welche Krankheit aus?

Um das herauszufinden, sagt der Biologe und Genetiker Francis Collins, „müssten Sie in allen Gebäuden aller Städte Amerikas eine einzige durchgebrannte Glühbirne finden[11]."

Das aber ist ihm und seinem Kollegen und Konkurrenten Craig Venter offenbar gelungen, als sie im Jahr 2001 die rund drei Milliarden Basenpaare der DNA auf den dreiundzwanzig Chromosomen sequenziert und damit „das menschliche Erbgut kartografiert" hatten. Google investierte daraufhin knapp vier Millionen US-Dollar in eine 2007 gegründete Firma namens „23andMe", die Gentests und DNA-Analysen anbietet.

„23andMe" funktioniert so: Die Kunden bekommen ein „Spit Kit", spucken zwei Milliliter Speichel ins Röhrchen, schicken das ein und erfahren dann per Internet, ob bei ihnen z. B. die Gene PLCE1 und ALDH2*2 den Magen- und Speiseröhrenkrebs begünstigen und ob ACTN3 den Aufbau von Muskelmasse brav steuert. Ganz wichtig: Was macht APOE? Wenn dieses Gen mutiert, kriegen Sie nämlich mit dreißigprozentiger Wahrscheinlichkeit später mal Alzheimer!

Ich lache jetzt nicht darüber, dass die Firma „23andMe" im Jahr 2010 die DNA-Proben von 96 Einsendern verwechselte und sich schneeweiße Kunden wunderten, warum sie zu neunzig Prozent von afrikanischen Vorfahren abstammen sollten.

Ich frage jetzt auch nicht, ob Google solche „rassischen" Zugehörigkeiten und etwaigen Erbkrankheits-Prognosen namentlich speichert und eines Tages an Personalchefs, Krankenkassen oder Partnerschafts-Plattformen verkauft.

Ich frage nur: Ist das ein Airbag für die Seele?

Das Wissen über erhöhte Wahrscheinlichkeitsprozente

verstärkt die Angst doch nur, oder? Wenn eine vegetarisch essende Leichtathletin mit siebenunddreißig elend an Brustkrebs stirbt und Kettenraucher Helmut Schmidt munter siebenundneunzig wurde – dann lässt die Unberechenbarkeit der Natur allen erhofften Seelenairbags die Luft raus.

Nun sind die populärmedizinischen und küchenpsychologischen Kenntnisse der Leute so weit gediehen – dem Internet und der „Apothekenumschau" sei Dank –, dass die Mehrheit der Befragten weiß: Ängste zu verdrängen und zu leugnen, bringt nichts. Nur ein Kind mag beide Hände vor die Augen halten, „Lalala, macht ja gar nichts" rufen und dann meinen, die Gefahr sei gebannt.

Einem Erwachsenen ist das nicht möglich. Manchmal tun wir es aber trotzdem, und unsere lebenskluge Umgangssprache hat eine Redewendung dafür: „Pfeifen im Wald"! Cool tun, sich lässig geben, souverän erscheinen, obwohl das Herz in der Hose hängt. Lächeln, obwohl einem elend zumute ist.

Bei Zufallsbegegnungen fragen wir: „Na, wie geht's?" Und bekommen meistens geschönte Antworten. Neuerdings enthält diese Erstfrage oft sogar noch eine positive Unterstellung: „Und? Alles im grünen Bereich?"

Die einzig mögliche Antwort: „Yep, alles gut, alles fit. Und selbst?"

Das breite Dauerlächeln eines zutiefst unglücklichen Mannes erklärt Schriftsteller Anton Tschechow so: „Er dachte, die Natur selbst habe dem Menschen die Fähigkeit zu lügen verliehen, damit er in schweren Momenten das Geheimnis des eigenen Nests hüte, so wie es die Wildente vor dem Fuchs tut."[12]

Die angstmachende Lebenswirklichkeit verschweigen und verstecken?

„Angst haben" oder auch nur „überempfindlich vorsichtig sein", weil „alles rauskommen könnte", ist leider schambesetzt in einer Gesellschaft, die „Cool"- und „Tough"-Sein favorisiert hat und „Alles gut!" zur Alltagsfloskel kürt.

Die Schamgrenzen verschieben sich – aber: Wer zum Psychiater muss, gilt immer noch als befremdlich krank. Bei einem Therapeuten gewesen zu sein, ist schon unpeinlich erzählbar. Wer dagegen einen persönlichen „Coach" oder „Mentor" hat, erntet Anerkennung und inneren Applaus für seine Mühe um Selbstoptimierung.

Reguliert man die Scham am besten durch geeignete Formulierungen?

Ebenfalls mehrheitlich bekannt: Angst ist ambivalent. Ist wertwechselnd, also nicht ausschließlich negativ: Angst schützt uns. Gottes Geschöpfen ist ein nützlicher Fluchtimpuls eingepflanzt, ein lebensrettendes Alarmsignal, ein blitzschneller Schutzmechanismus, der per Adrenalin- und Sauerstoff-Flutung sofort alle Muskeln zu Höchstleistungen treibt. Die Nervenzellen schreien: Hau ab!!

Gottes gute Evolution schenkte uns sogar ein kleines

Gebilde im Gehirn, das aussieht wie zwei Cashewkerne. Eine Drüse, die äußerst nachtragend ist: Die „Amygdala" registriert und speichert alle angsteinflößenden Erlebnisse, Bilder, Töne und Gerüche, gleicht sie in Bruchteilen einer Sekunde mit dem aktuellen Geschehen ab und lässt die Alarmglocken schrillen, wenn „so was Ähnliches doch schon mal drohte". Super, oder? Eine Art biochemisches Gesichtserkennungsprogramm, von dem jeder Tatort-Kommissar nur träumen kann.

Angst schützt vor Leichtsinn, Unsinn und Wahnsinn. Wer Ihnen sagt, „Ich hab' vor gar nix Angst", zu dem sollten Sie nicht ins Auto steigen.

Angst macht aber auch krank. Andererseits.

Ängste können eine körperlich manifeste Erkrankung der Nerven und Gefäße verursachen. „Kardiovaskuläre Störungen", die mit Bluthochdruck, Schweißausbrüchen, Hyperventilation und allergischen Reaktionen der Haut und der Schleimhäute beginnen und bis zu neurotischen, psychopathologischen Zuständen führen können, in denen der Geängstigte buchstäblich motorisch „von Angst gelähmt" dasitzt oder liegen bleibt, wenn nicht sogar „zu Tode erschrocken" einen Herzinfarkt erleidet.

Es ist gut und in den meisten Fällen wahrscheinlich auch heilsam, wenn Menschen zu ihrer Angstbewältigung professionelle Hilfe in Anspruch nehmen. Wenn sie sich, therapeutisch begleitet und in dosierten Übungsschritten, ihren Angstquellen bewusst nähern. Indem sie z. B. Hochhaus-Aufzüge benutzen, zweispurige Alpentunnels durchfahren oder auf Aussichtsplattformen an die Brüstung treten und hinunterschauen. Indem sie beim Konzert in der Mitte der Sitzreihe Platz nehmen und nicht zwanghaft am Gang sitzen müssen. Indem sie es als Training betrachten, allein mit einer fremden Person im Zugabteil stundenlang zu reisen. Indem sie mit einer vertrauten Person verwinkelte Kellerräume oder Gewölbe durchschreiten, uralte staubige Türen öffnen, durch leere Betriebshallen, Scheunen oder Ställe gehen und im Dunkeln auf einer Parkbank Atemübungen machen.

Jenseits der seltenen Extrem-Anlässe für panische Angst – Geburt, Krankheit, Gewalterfahrung oder Tod –, und auch ohne jeglichen „Crash" des Lebens gibt es aber eine Angst, die kommt in keiner Statistik vor. Die gibt es selbst dann, wenn „alles glattläuft" in Ehe, Familie und Beruf.

Es ist eine stille, von außen unmerkliche und doch kontinuierliche Angst, die wir den Demografen weder unter „kollektiv" noch unter „individuell" in den Laptop diktieren: die Angst, dass alles an mir liegt:

Dass ich selber schuld bin.

Dass mein Leben so ist, wie es ist, weil ich nun mal bin, wie ich bin.

Dass meine Veranlagungen und meine Prägung, meine Eigenschaften, Neigungen und Angewohnheiten zuverlässig dafür sorgen werden, dass hier Stillstand-in-Dauerschleife herrscht. Dass sich bei mir nichts ändern, sondern höchstens verhärten wird.

Angst vor den Folgen der Vergangenheit – „Was einmal war, das holt mich ein."

Angst vor den Unwägbarkeiten der Gegenwart – „Was heute passiert, hab' ich nicht im Griff."
Angst vor den Zwangsläufigkeiten der Zukunft – „Was morgen kommt, das muss ja so kommen."

Sie ist unauffällig und nur in nachdenklichen Momenten spürbar. Sie ist schnell vorübergehend, aber oft wiederkehrend. Sie fühlt sich an wie ein nur leicht entzündeter Zahn, ein ganz leiser Tinnitus, eine seltsame Benommenheit im Kopf.

Es gibt eine Figur in der Bibel, die ich als personalisierten roten Faden durch das Thema „Angst" verfolgen möchte. Die sehr persönlichen Ängste dieses Menschen waren meist mit sehr konkreten kollektiven Ängsten verbunden. Sein vielfach bedrohtes Leben fand praktisch immer an den Schnittstellen beider Angstquellen statt, auf den gemeinsamen Feldern der privaten und der politischen Bedrohungen.
Bis er zu einer tragfähigen Gottesgeborgenheit fand, hatte es oft gekracht. Und erst einmal war kein Airbag für die Seele wirklich aufgegangen.

3

Wenn das rauskommt!

Eine zentrale Geschichte der Bibel, eine geradezu identitätsstiftende Erzählung des Judentums, beginnt mit der Angst des ägyptischen Volkes vor Überfremdung. Im antiken Ägypten vermehren sich die Nachfahren von Wirtschaftsflüchtlingen einfach zu rasant:
„Die Israeliten aber waren fruchtbar und es wimmelte von ihnen und sie mehrten sich und wurden überaus stark, sodass das Land von ihnen voll war."[13]

Finanzminister und Vize-Pharao Josef hatte von der Dürrekatastrophe in der Heimat dieser Israeliten gehört[14], sie als seine Brüder erkannt[15] und aus humanitären Gründen erst mal in sein Wohlstandsland hineingelassen: „Und alle Welt kam nach Ägypten, um bei Josef zu kaufen, denn der Hunger war groß in allen Landen."[16]

„Allen" Landen kann man nicht helfen. Außerdem fragen die Einheimischen: Wie viele kommen da noch? Lauter junge Männer, meine Güte, die werden Familien-Nachzug beantragen, wetten? Was bleibt dann für uns?

Ähnlichkeiten mit den kollektiven Sorgen und Ängsten einiger Deutscher im 21. Jahrhundert sind rein zufällig[17]…

Als der längerfristige Status der Einwanderer geregelt werden muss, fragt der Pharao ganz pragmatisch nach ihrer beruflichen Kompetenz und dem volkswirtschaftlichen Nutzen für sein Land: „Was ist euer Gewerbe?"

Sie antworteten: „Wir sind Viehhirten wie unsere Väter. Wir sind gekommen, bei euch als Fremdlinge zu wohnen. ... Da sprach der Pharao zu Josef: Das Land Ägypten steht ihnen offen. Lass sie am besten Ort des Landes wohnen, und wenn du weißt, dass tüchtige Leute unter ihnen sind, so setze sie über mein Vieh."[18]

Die Historiker streiten, wer dieser freundliche Flüchtlingsintegrator war: Pharao Thutmoses III. zwischen 1502 und 1448 v. Chr.? Oder doch erst Ramses II. zwischen 1290 und 1224 v. Chr.? Wie auch immer: Die politische Stimmung kippt irgendwann, die Regierungsmacht wechselt.

„Da kam ein neuer König auf in Ägypten, der wusste nichts von Josef und sprach zu seinem Volk: Siehe, das Volk der Israeliten ist mehr und stärker als wir. Wohlan, wir wollen sie mit List niederhalten, dass sie nicht noch mehr werden. Denn wenn ein Krieg ausbräche, könnten sie sich zu unseren Feinden schlagen und gegen uns kämpfen. Da zwangen die Ägypter die Israeliten mit Gewalt zum Dienst und machten ihnen ihr Leben sauer mit schwerer Arbeit in Ton und Ziegeln und Frondienst auf dem Felde, die sie ihnen mit Gewalt auferlegten."[19]

Die „List" des Herrschers ist nun sooo listig nicht, sondern erstaunlich dumm: Zwangsarbeit bei gigantischen

Neubauten, Gewaltexzesse auf den Baustellen und grausame Schinderei auf den Plantagen funktionieren nun mal nicht als Empfängnisverhütung: „Aber je mehr sie das Volk bedrückten, desto stärker mehrte es sich und breitete sich aus."[20]

Die Ärmsten der Armen kriegen die meisten Kinder, das ist bis heute so.

Gegen Bevölkerungswachstum helfen sozialer Aufstieg und Wohlstand, nicht Verelendung. Der antike Despot überlegt. Ein schärferes Gegenmittel muss her. Wir heute nennen es „ethnische Säuberung" oder „Genozid":

„Da gebot der Pharao seinem ganzen Volk und sprach: Alle (hebräischen) Söhne, die geboren werden, werft in den Nil, aber alle Töchter lasst leben."[21]

Aus Sorge um die demografische Entwicklung wird Angst. Aus Angst um die innere Sicherheit wird Hass. Aus Hass wird Gewalt.

Ähnlichkeiten mit heutigen Tendenzen … Aber das erwähnte ich ja schon.

Zwei namentlich genannte Hebammen, Schifra und Pua, verweigern sich dem Mordauftrag mit einer fast läppischen Ausrede: „Die hebräischen Frauen sind nicht wie die ägyptischen, das sind kräftige Frauen! Ehe die Hebamme zu ihnen kommt, haben sie schon geboren."[22]

Darf man lügen, um Leben zu retten? Ja, darf man.

Eine Spätgebärende namens Jochebed, schwanger von ihrem Neffen (!)[23], war ebenfalls schneller als die staatlichen Kindsmörder, „und als sie den Sohn nicht länger verbergen konnte, nahm sie ein Kästlein von Rohr für ihn, verklebte es mit Erdharz und Pech, legte das Kind hinein und setzte es in das Schilf am Ufer des Nils. Seine Schwester stand von ferne, um zu erfahren, wie es ihm ergehen würde. Und die Tochter des Pharao wollte baden im Nil. ... Und als sie das Kästlein im Schilf sah, ließ sie es holen. Und als sie es auftat, sah sie das Kind, und das Knäblein weinte. Da jammerte es sie und sie sprach: Es ist eins von den hebräischen Kindlein!"[24]

Eine rührende Szene, wirklich. Allerdings bugsiert sich Ihro königliche Hoheit damit in einen Loyalitätskonflikt: Von Amts wegen müsste sie dem Korb einen Schubs Richtung Strömung geben. „Alle männlichen Neugeborenen der Einwanderer sind zu töten!", so lautet das Regierungsdekret. Die Krokodile erledigen so was. Das aber bringt sie nicht übers Herz, das heißt, ihre individuelle Empathie siegt über die kollektive Staatsräson.

Nun haben die Mutter und die Schwester des Todgeweihten den Uferplatz seiner Aussetzung so gewählt, dass sich eine raffinierte Doppellösung ergibt:

„Da sprach seine Schwester zur Tochter des Pharao: ‚Soll ich eine der hebräischen Frauen rufen, dass sie dir das Kindlein stille?' Sie sprach: ‚Geh hin.'

Das Mädchen ging und rief – die Mutter des Kindes! Zu ihr sprach die Tochter des Pharao: ‚Nimm das Kindlein und stille es mir, ich will es dir lohnen.'"[25]

Bingo: Das Neugeborene ist gerettet. Die Mutter wird

fürstlich bezahlt für etwas, was sie ohnehin liebend gerne tut. Die Tochter des Gesetzgebers ist fürs Erste aus dem Schneider.

„Und als das Kind groß (entwöhnt) war, brachte sie es der Tochter des Pharao und er ward ihr Sohn und sie nannte ihn Mose, denn sie sprach: Ich habe ihn aus dem Wasser gezogen."[26]

„Der aus dem Wasser Gezogene"? Damit trägt dieses Kind die Todesangst und ihre Überwindung, die Angewiesenheit und die Rettung schon im Namen.

Zahlreiche meist lesenswerte Wissenschaftler und Schriftsteller haben sich gefragt, warum diese Szene so ähnlich klingt wie viele Geburtslegenden antiker Helden und Könige im alten Orient (aus Lebensgefahr zu Glanz und Gloria). Oder ob die ägyptische Prinzessin eine Affäre mit einem Nichtadligen hatte, die Schwangerschaft verheimlichen konnte, jetzt aber eine Amme außerhalb des Palasts brauchte. Ob sie das Erbrecht oder gar eine spätere Thronfolge des Bastards ausschließen musste.

Manche Historiker spekulierten, ob so ein möglichst starker Revolutionsführer einerseits aus der Unterschicht, andererseits direkt aus dem Zentrum der Macht kommen „musste" und man im Nachhinein eine biografische Legende frisierte. Oder ob Mose vielleicht ein überlebender Priester der gescheiterten Kulturrevolution des Pharao Echnaton war (1353 bis 1336 v. Chr.). Echnaton hatte den „Ein-Gott-Glaube" eingeführt, aber diese Religion wurde wieder verworfen, sodass Mose mit seinen verbliebenen Monotheisten auswanderte. Oder ob es gar nicht das Wasser des Nils war, sondern einfach das Fruchtwasser seiner Mutter, aus dem er „herausgezogen wurde" – hebräisch „mosche" – und dann ein „Kind am Hofe" – ägyptisch „mosis" – sein durfte[27].

Ich bin weder Archäologe noch Ägyptologe, habe weder Judaistik noch Alte Geschichte studiert, ich kann die Debatte also gar nicht kommentieren.

Ich will mir als Bibelleser aber auch keine Denkverbote auferlegen und die dann als „Bibeltreue" etikettieren. Oder in fromme Entrüstung verfallen, warum man „unserer Heiligen Schrift!" solche Unterstellungen macht. Ich lese einfach mal fragend weiter:

Ab wann „das Kind groß war" (nicht mehr gestillt werden musste? Laufen und sprechen konnte? Lesen und schreiben konnte?) und aus der Sklavenbaracke in den Palast umzog – diese Frage wird ebenso wenig beantwortet wie die, was eine Erziehung und Ausbildung am Hofe beinhaltete. „Mose wurde in aller Weisheit der Ägypter gelehrt", sagt der Apostel Stephanus in seiner Zusammenfassung der Geschichte Israels[28], aber welches „Selbstbewusstsein", welche „Identität" reifte in Mose heran? „Fühlte" er sich immer und durchgängig als Hebräer? Oder wollte er aus Anpassungsdruck möglichst schnell ein perfekter ägyptischer Prinz werden? War seine Herkunft allgemein bekannt in der weitläufigen Königsfamilie oder lebte er in permanenter Angst: „Wenn das rauskommt!"?

Die unspektakuläre, leise, nie statistisch erfassbare „Angst vor der Vergangenheit" kann man bei manchen Leuten heutzutage als eine Art Nebel spüren, der kalt und nass über Küchentisch und Couchgarnitur wabert, weil es ein Familiengeheimnis gibt. Oder gleich mehrere davon. Umstände, Verhältnisse, Beweggründe, über die nicht gesprochen wird. Fakten, Sachverhalte und Details, die – offiziell oder in schweigendem Einverständnis – tabuisiert sind. Waren die Großeltern einverstanden mit Mamas Partnerwahl? Mit wem war Papa wie lange zusammen, bevor er heiratete? Was dachte, was empfand Mama, als sie mit uns schwanger wurde? „Musste" geheiratet werden? Hatte sie zwischendurch Fehlgeburten? Oder womöglich eine Abtreibung?

Oder, auf harmloserer Ebene: Wer in der Verwandtschaft besucht wen gerne und wen nie? Was steckt hinter den Sticheleien von Tante Y und warum weiß niemand genau, woran Onkel X so früh verstorben ist? Wem gehört denn nun die Ferienwohnung, um die es immer Zoff gibt?

Es sind nicht erst die großen tragischen Dramen wie sexueller Missbrauch, versuchter oder vollendeter Suizid, Alkohol- oder Spielsucht, Unfalltod, Seitensprünge, heimliche Stiefgeschwister oder verwirrend auftauchende Ex-Partner, die als „Leichen im Keller" Angst vor der Vergangenheit machen. Schon jede „normalbürgerlich" verlaufende Generationenfolge kann beängstigende Wahrheiten erzeugen, deren Enthüllung vielleicht mehr Schaden als Frieden bringen würde. Die gerade deshalb aber den Nebel der Verdrängung verdichten und die Angst ums „versteckte Enten-Nest"[29] steigern.

Erfahrungsgemäß beginnen Adoptivkinder ab der Pubertät, spätestens in der Adoleszenz, nach ihren leiblichen Eltern zu suchen. „Als Mose groß geworden war, „ging er hinaus zu seinen Brüdern"[30].

Schau an. In die Steinbrüche, in die Ziegelbrennereien, auf die Baustellen, in die Reisfelder. Zum ersten Mal? Und warum? Was will er da?

Oder ist Mose bereits „vierzig Jahre alt"[31], als er dort hingeht? Midlife-Krise? Jetzt erst erwachtes Interesse und Bewusstsein für eine Mitverantwortung, wie es „seinem" Volk geht?

„… und sah ihre Lasten und nahm wahr, dass ein Ägypter einen seiner hebräischen Brüder schlug. Da schaute er sich nach allen Seiten um, und als er sah, dass kein Mensch da war, erschlug er den Ägypter und verscharrte ihn im Sande."[32]

Da ist er, der Crash. Der Supergau. Die biografische Katastrophe. In der Testosteron-Hochdruckzone seines Lebens ist es passiert: Sein „Sosein", seine ursprüngliche

Herkunft, sein Temperament prallen auf die Verhältnisse, wie sie nun mal sind. Nichts und niemand hat ihn vor diesem Aufprall bewahrt. Kein Airbag aus Besonnenheit, Vernünftigkeit, Beherrschung geht auf. Nichts wird abgefedert. Stattdessen explodieren Empörung, Wut, Machtrausch und Selbstüberschätzung zu einer Bluttat, die den Gegner das physische Leben kostet, ihn selbst aber sein soziales Leben kosten wird.

Wem „die Hand ausrutscht", wie unsere Umgangssprache verharmlosend sagt, dem sind lange vorher schon das Herz, der Verstand und die Nerven ausgerutscht.

Das passiert im 21. Jahrhundert, in unserer modernen, rechtsstaatlich geordneten „zivilisierten" Gesellschaft jeden Tag und heißt „häusliche Gewalt". Die ist keineswegs nur den „sozial Schwachen" und „Bildungsfernen" vorbehalten, „das kommt in den besten Familien vor", sagt unsere Umgangssprache beschwichtigend. Ob im schlimmsten Ehekrach nur eine Glaskaraffe und die Schrankvitrine zu Bruch gingen oder ob „Mutter auch mal eine fing" – das gehört zu eben jenen Familiengeheimnissen, über die der Mantel ängstlichen Schweigens gedeckt wird. Kinder schlagen ist seit dem Jahr 2000 ein Straftatbestand nach Paragraf 1631 Absatz 2 des BGB. Gut so. Endlich.

Aber viele, die in den 1950er- bis 1970er-Jahren Kind waren und zur Schule gingen, wissen: Das war nicht immer so. Und erinnern sich wahrscheinlich daran, dass eine Ohrfeige fünf Minuten auf der Wange brennt, aber fünfzig Jahre auf der Seele. Weil es so demütigend war, so verachtungsvoll.

Man kann einem Menschen das Leben nehmen, ohne ihn physisch zu töten.

Manche tragisch Verlassenen, manche „Sitzengelassenen" und Verlierer von Sorgerechtsprozessen wissen das.

„Da fürchtete sich Mose und sprach: ‚Es ist also doch bekannt geworden!' Und es kam vor den Pharao. Der trachtete danach, Mose zu töten. Mose aber floh vor ihm und hielt sich auf im Lande Midian."[33]

Halten wir fest: Ein junger Mann mit Migrationshintergrund, ein bisher gut integriertes Kind aus sozial schwacher Ausländerfamilie, begeht eine schwere Straftat, wird zum Verbrecher. Zeigt sich also gegenüber seiner warmherzig-großzügigen Adoptivmutter und gegenüber allen Lehrern, die ihn förderten, erschütternd undankbar. Einen ägyptischen „Aufseher" erschlagen? Einen Gesetzeshüter ermorden? Das ist ein Anschlag auf den Staat, auf das Wirtschaftssystem, auf alles, wofür seine Ziehmutter steht und wovon er selbst bisher profitierte. Was hätte er alles werden können im wohlorganisierten Pharaonenstaat! Welche handverlesenen Heiratskandidatinnen aus den feinsten Familien des Landes hätte man ihm auf glanzvollen Festen vorgeführt!

Alles vorbei. Alles versaut. Er ist jetzt als Terrorist zur Fahndung ausgeschrieben. Mose flieht. Aus dem Palast in die Halbwüste. Aus der Stadt in die Pampa. Aus der Oberschicht in den Untergrund.

„Mose wusste, wie süß es ist, den Feind zu töten. Und wie lebenslang bitter es ist, getötet zu haben. Deshalb schrieb er: Töte nicht!"[34], sagt Thomas Mann über den Empfang der Zehn Gebote, später, am Berg Sinai.[35]

Der „aus dem Wasser gezogene" Hebräer und Halb-Ägypter Mose heiratet in der Fremde eine Fremde: die Midianiterin Zippora. „Die gebar ihm einen Sohn und er nannte ihn Gerschom, ‚Denn', sprach er, ‚ich bin ein Fremdling geworden in fremdem Land.'"[36]
„Eine Heimat gefunden haben" klingt anders, oder?
Mose hat in Midian sein Auskommen, sicher. Als Viehhirte bei seinem Schwiegervater Reguel, später auch Jethro genannt. Aber ist der Adoptivsohn einer Pharaonenprinzessin dafür nicht reichlich überqualifiziert?

Wenn die demografischen Institute speziell Menschen ab fünfzig nach ihren individuellen Ängsten fragen, endet die Hitparade manchmal bei der „Angst, dass die jungerwachsenen Kinder auf die schiefe Bahn geraten. Falsche Freunde, Drogen, Verschuldung. Oder dass beruflich einfach nichts aus ihnen wird."
Ich habe den Verdacht, Ü-50-Befragte müssten ehrlicherweise noch hinzufügen: „und dass beruflich *aus mir* nichts mehr wird".
Die Angst vor dem Statusverlust: Wenn ich meine jetzige Position in der Firma, in der Branche, auf der Karriere- und Hierarchieleiter verliere – durch Umstrukturierungen,

Marktflaute, Verkauf des Konzerns oder altersbedingt als Frühpensionär –, dann wird alles, was danach kommt, weniger prestigeträchtig, anspruchsloser, ärmlicher und langweiliger sein. Ich werde mich unterfordert, unterbewertet und gering geschätzt fühlen … und soll dabei noch eitel Lebensfreude abstrahlen, weil ich ja „endlich in Rente bin"?!

Mose bleibt nicht lange unterfordert. Ganz im Gegenteil.

Springen wir aber vorher noch in unsere aktuelle Situation heutzutage und schauen uns ein seltsames Phänomen an: Kollektive Angst will gar nicht widerlegt werden.

4
Helfen Fakten gegen die Angst?

Im Jahr 2018 hätten eigentlich wöchentlich die Sektkorken knallen können. Ein monatliches Feuerwerk überm Brandenburger Tor und ein kollektiver Freudentaumel wie beim 7:1 gegen Brasilien im WM-Halbfinale am 8. Juli 2014: Die Arbeitslosigkeit sank im Bundesdurchschnitt auf weniger als fünf Prozent, das war die niedrigste Quote seit rund zwanzig Jahren[37]. In manchen Landkreisen von Baden-Württemberg und Bayern bedeutete das Vollbeschäftigung.

Das deutsche Bruttoinlandsprodukt – die Summe des Werts aller Waren und Dienstleistungen, die im Laufe eines Jahres innerhalb eines Landes hergestellt und erarbeitet werden – stieg gegenüber dem Vorjahr um 2,2 Prozent, bescherten dem Finanzminister einen Haushaltsüberschuss von rund 11,2 Milliarden Euro per 31.12.2018, dem Staatshaushalt zum sechsten Mal eine „schwarze Null"[38] und Deutschland den Titel „Export-Vize-Weltmeister" nach China.

„Von den rund eine Million Flüchtlingen, die 2015 zu uns kamen, haben inzwischen mehr als 400.000 einen Ausbildungs- oder sozialversicherungspflichtigen Arbeitsplatz", freute sich Arbeitgeberpräsident Ingo Kramer.[39]

Die Zahl der Straftaten ging laut „Polizeilicher Kriminalitätsstatistik" des Bundeskriminalamts vom 08.05.2018 um 9,6 Prozent zurück, „einen derart starken Rückgang der Kriminalität hat es seit fast fünfundzwanzig Jahren nicht gegeben"[40].

„Bei Wohnungseinbrüchen minus 16 Prozent, bei sexuellen Übergriffen und Vergewaltigungen minus 18 Prozent, bei Straßenkriminalität minus 30 Prozent.

Die Kriminalität sinkt, aber die Angst steigt – diesen Entkoppelungsprozess gibt es wegen der gesteigerten Medienberichterstattung über Straftaten."[41]

An schwarzen Blattern, Cholera, Typhus oder Kinderlähmung zu sterben, ist so unwahrscheinlich wie ein Tod durch Tigerbiss: Hierzulande haben Hygiene und Medizin längst ausgerottet, woran 1892 in Hamburg und 1902 in Gelsenkirchen noch Zigtausende Menschen lebensgefährlich erkrankten oder starben.

Bei rund 44 Millionen Autos in Deutschland nehmen Verkehrsunfälle zwar jährlich um etwa 2 Prozent zu, aber getötet wurden dabei „nur" 3177 Menschen im Jahr 2017. Der niedrigste Wert seit sechzig Jahren![42]

„So niedrig wie seit 1992 nicht mehr" war auch die Zahl der Scheidungen: 153.500 Paare besiegelten 2017 ihre Trennung, aber 408.000 ihre Hochzeit![43]

Der beinah umgangssprachlich gewordene Satz „Jede

zweite Ehe wird geschieden" wird an Blödsinn nur übertroffen von der Schlagzeile „Ehe und Familie – vom Zeitgeist bedroht!". So klingt katholischer und evangelikaler Alarmismus, um die Spenden und Abonnements der Empörten zu sichern. Denn selbst die Geschiedenen wollen ja nicht etwa *keine* Ehe, sondern eine *bessere*. Meistens jedenfalls.

Um den Gesundheitszustand der Institution Ehe ehrlich zu beschreiben, müsste man die jährlich weiter bestehenden Ehen zu den Hochzeiten *dazurechnen*. Aber Silberhochzeiten zählt ja keiner.

Und alles in allem – 2020 feiern wir 75 Jahre Frieden in Europa. Die längste kriegsfreie Periode, die es zwischen Zittau und Emden, Lörrach und Greifswald je gegeben hat.

Hört oder sieht jemand Dankbarkeit dafür?

Wenigstens von denen, die ihr ganzes Leben lang in diesem historisch sensationellen Ausnahmezustand leben durften? Oder wenigstens bei den Christen, denen selbstverständlicher und dauerhafter als jemals zuvor die „ungestörte Ausübung ihrer Religion gewährleistet" wird?[44]

Friede, Freude, … – nein, Pustekuchen statt Eierkuchen: Von wissenschaftlich seriös erhobenen, mehrfach öffentlich geprüften und amtlich verkündeten Fakten lässt sich die weltweit sprichwörtliche „German Angst" doch nicht einschüchtern! Wir sind Weltmeister im Angsthaben und Angstmachen. Wir räumen höchstens mal ein, es sei „Jammern auf hohem Niveau", was uns da umtreibt, ansonsten aber „blicken wir in die Zukunft wie in eine Geschützmündung".⁴⁵

Durchaus denkbar, dass sich sowohl individuell bei Mose in Midian als auch kollektiv bei den hebräischen Sklaven in Ägypten jene gewohnheitsmäßige Resignation breitgemacht hatte, die als „Realitätssinn" durchgeht. Eine achselzuckende Hoffnungslosigkeit, die sich als „Realpolitik" mit allem arrangiert hat, was eigentlich nicht hinnehmbar wäre.

Seit siebenundzwanzig Jahren befragt die R+V-Versicherung jährlich rund 2500 demografisch repräsentativ ausgewählte Deutsche nach ihren Ängsten.

Während 2008 nur die „Angst vor steigenden Lebenshaltungskosten" und 2012 die „Angst vor höheren Steuern durch die EU-Schuldenkrise" die magische 66-Prozent-Marke knacken konnten – also mehr als zwei Drittel der Befragten diese Angst als ihre größte nannten –, kamen zuletzt auf Platz 3 die „Spannungen durch Ausländer", auf Platz 2 „die Flüchtlinge" und auf Platz 1 „Donald Trumps gefährliche Weltpolitik".

Lassen wir den mal außen vor und schauen auf die veränderten Angstquellen innerhalb Deutschlands: Wenn nicht mehr die Armut, sondern die Ausländer am meisten Angst machen, dann müssen in den rund zwölf Jahren seit 2008 die Lebenshaltungskosten und die Steuern ja höchst erfreulich gesunken sein, oder?

Die Wohnungsmieten sind es nicht, soviel ich weiß. Sind Brexit-England und Pleite-Italien keine Risikostaaten mehr für die europäische Finanzbalance? Doch! Aber wir haben jetzt einen einfacheren Grund für unsere Ängste: die „Überfremdung".

Es gibt eine Menge triftiger Gründe, sich Sorgen zu machen:

Die Digitalisierung wird den Arbeitsmarkt in eine kleine Gruppe hoch qualifizierter IT-„Gewinner" und in die große Gruppe wenig ausgebildeter IT-„Opfer" polarisieren. Der Strukturwandel von der materialherstellenden, noch mit Körperkraft und Mechanik wertschöpfenden Arbeit zur Informations-, Wissenstransfer- und Dienstleistungsarbeit wird radikalere Auswirkungen haben als der Wandel von der Agrar- zur Industriegesellschaft im 19. und frühen 20. Jahrhundert. Dieser Strukturwandel wird jene am härtesten treffen, die in ihrer Firma einerseits mehr können als Kisten schleppen, andererseits aber weniger können als eine Software und ein Roboter. Also uns wird es treffen, den beruflichen „Mittelbau".

Für diesen zu befürchtenden Abstieg der finanziellen Mittelschicht in ein wachsendes „Prekariat" und die damit einhergehende „Proletarisierung" großer Bevölkerungsteile gibt es viele schlechte Gründe und fahrlässige Schuldige.

Die ökologischen Sachzwänge zur Bekämpfung der Klima-Erwärmung verändern schon jetzt unsere Art zu produzieren und zu konsumieren.

Wenn Umwelt- und Tierschutzauflagen die Herstellung von Konsumgütern immer teurer machen – wer kann sich diese wunderbar schonend entstandenen Lebensmittel dann noch leisten?

Wer soll die Renten der immer länger lebenden alten Leute erwirtschaften, wenn die Geburtenzahlen stagnieren, wenn lange Ausbildungswege den Berufseintritt der Jungerwachsenen hinauszögern und ihre Anstellungsverträge immer kurzfristiger werden?

Wie kann das hoch komplizierte Gesundheits- und Versicherungswesen so gerecht gemacht werden, dass auch Arme medizinisch gut versorgt werden und ihr Pflegepersonal gut bezahlt wird?

Wie krisenfest sind die Staatshaushalte von 27 europäischen Ländern, die zwar eine gemeinsame Währung, aber noch immer kein gemeinsames Steuergesetz haben? Und die sich auch sonst in kaum was einig sind?

Alles gute „vernünftige" Anlässe, sich um die Zukunft unseres Landes zu sorgen. Besser noch: lauter triftige Gründe, politisch Vorsorge zu treffen. Oder gar Fürsorge zu organisieren. Kluge Vor- und Fürsorge, begründete Sorge und berechtigte Kritik können aber zu Angst verklumpen. Und dann hefeteigartig anschwellen zu einem durchgängig übellaunigen, misstrauischen, pessimistischen Lebensgefühl.

Aus Sorge wird Angst. Aus Angst wird Hass. Aus Hass wird eine Macht, die sich von rationalen Argumenten kaum entmachten lässt.

Wer sich im Flugzeug mit schweißnassen Händen an den Armlehnen seines Sitzes festkrallt, wer Bluthochdruck und Herzrasen hat, weil der Flieger gerade von Turbulenzen geschüttelt und geschaukelt wird – dem nützt keine Statistik über Zigtausend sichere Flüge jeden Tag auf der ganzen Welt. Oder ein Vortrag der Stewardess, dass es die Sicherungssysteme an Bord drei Mal gibt.

„Unfallstatistisch ist das Gefährlichste am Fliegen die Fahrt zum Flughafen" – dieser Satz ist objektiv richtig. Aber: Er nervt! Alle beschwichtigenden Einreden – sogar die eigenen – treffen auf gereizte Ablehnung, wenn die Angst das Kommando übernommen hat.

„Es gibt in Mitteleuropa keine einzige Spinnenart, die bissig oder giftig wäre" – auch dieser Satz ist völlig richtig. Aber tadeln Sie damit bitte nicht den Schreckensschrei Ihrer Frau, wenn ihr beim Lichtanknipsen im dunklen Hausflur so ein Achtbeiner auf die Schulter gefallen ist.

Fakten gegen die Angst – das kommt beim Geängstigten so an, als wolle man seine Angst zensieren. Zum Schrecken kommt dann noch die Scham dazu.

Eben weil sie so diffus, so vage, so „unvernünftig" und meistens „grundlos" von unserem Denken und Empfinden Besitz ergreift, suchen wir Ersatzgründe, erfinden wir Quellen, nennen wir vermutete Ursachen für unsere Angst:

Die Angst, in ferner Zukunft theoretisch „die Heimat verlieren zu können" z. B., werfen wir justament denen vor, die in jüngster Vergangenheit ganz real ihre Heimat verloren haben. Das ist paradox, ja. Aber es macht mächtig …!

Dass die komplexen sozialpolitischen Probleme der 82 Millionen Einwohner Deutschlands ausgerechnet von jenen 1,2 Prozent der Bevölkerung verursacht werden, die die Ärmsten, Ungebildetsten und somit Ohnmächtigsten im Lande sind – die Flüchtlinge nämlich –, ist ein dermaßen dreistes Ablenkungsmanöver, dass man es raffiniert nennen könnte, wenn es nicht so bösartig wäre.

Wer für die tatsächlichen Zukunftsprobleme unserer Gesellschaft keine Ideen, Konzepte oder gar Lösungen hat, stimuliert Ängste, projiziert sie auf vermeintliche Verursacher und … kann ausgerechnet aus der Irrationalität der Angst seine eigene Legitimation beziehen: „Wer Angst zur Begründung fürs Dagegensein in Anschlag bringt, setzt sich ins Recht. Angst entzieht sich der Argumentation. Deshalb ist öffentliche Angsterregung so wirkungsvoll. Seit Angst als Rechtfertigung für Hass und Rassismus herangezogen wird, ist es schwer, neutral von ihr zu sprechen."[46]

Aber kann man „neutral" von seiner Angst sprechen, auf einem Flanierboulevard überfahren oder in einem Straßencafé erschossen zu werden seit den Terroranschlägen von Madrid, London, Paris, Nizza, Berlin, Barcelona, Manchester und Straßburg?

Die verletzten Überlebenden und die Hinterbliebenen der Opfer können das nicht. Wie sollten sie.

Aber von uns Unbeteiligten, von Politikern und Politikerinnen und allen Verantwortungsträgern muss man erwarten dürfen, dass sich unsere Betroffenheit und Anteilnahme zu solidarischer Für- und Vorsorge wandelt. Statt zu Panik und Unterstellungen: Nachdem am 7. April 2018 in Münster ein Kleinlaster in ein Straßencafé gefahren war und fünf Menschen getötet hatte, stellte die Polizei fest, dass der Täter ein psychisch kranker Deutscher war. AfD-Spitzenpolitikerin Beatrix von Storch twitterte trotzdem tagelang weiter, er sei entweder Moslem oder zumindest „islamistisch inspiriert". Aus Sorge wird Angst, aus Angst wird Hass. Und der Hass lässt sich lenken.

Der fünfundsiebzigjährige Friede in Deutschland ist nämlich nur ein außenpolitischer Friede: Zwischen 1990 und 2013 wurden hierzulande 152 Menschen ermordet, weil sie eine dunkle Hautfarbe hatten oder ausländische Herkunftsfamilien[47].

Der Verfassungsschutzbericht 2015 dokumentierte „1.408 Gewaltdelikte mit rechtsextremem Hintergrund und 894 Straftaten gegen Flüchtlingsunterkünfte"[48]. Diese Zahl ist 2017 auf rund 700 rassistisch motivierte Gewaltverbrechen zurückgegangen, das sind „nur" noch zwei pro Tag.[49]

Hilft gegen die kollektive „German Angst" vielleicht ein Gedankenspiel?

Eine „Was-wäre-wenn"-Fantasiereise zu den Zielen der Rechtspopulisten? Stellen wir uns vor, alle Geflüchteten, alle Migranten, alle Leute mit komischen Nachnamen wären schlagartig weg! Angenommen, es gäbe ab morgen keine „Wucherungen am Volkskörper"[50] mehr, alle „Messer-Migranten, Kopftuchmädchen und Taugenichtse"[51] wären verschwunden. Nur noch „völkisch"[52] reine Deutsche in der U-Bahn?!

Was wäre dann? – Die Angst würde sich neue Quellen und Ursachen suchen. Schon aus Gründen des eigenen Machterhalts.

Kollektive Angst ist politisch ungefähr das, wovon physikalisch alle Ingenieure träumen: ein „self sustaining system", eine Maschine, die ihre benötigte Energie selbst herstellt und sich zuführt.

„Es ist ein verhängnisvoller Irrtum, zu meinen, dass menschenfeindliche Haltungen verschwinden und die extremen Rechten zu netten Mitbürgern würden, sobald man die vermeintliche Angstquelle losgeworden ist."[53]

Der angstgesteuerte Hass fände noch unentdeckte Ziele und Zielpersonen. Andersdenkende, Andersliebende, Andersglaubende. Oder Kranke z. B.:

Im April 2018 stellte die AfD-Fraktion im sächsischen Landtag eine formelle Anfrage, wie viele Menschen mit Behinderung es in Deutschland gäbe, was die an Kosten verursachen und wie viele davon aus Migrantenfamilien stammen.[54]

Der unüberhörbare Verdacht dahinter: Inzestuöse muslimische Großfamilien produzierten mehr behinderte Kinder als gesunde Deutsche.

Es war der von Konservativen hochverehrte Kanzler Konrad Adenauer, der am 30. Oktober 1961 „Gastarbeiter" angeworben hatte – auch aus der Türkei, Marokko und Tunesien übrigens, muslimische Arbeiter also – und die bauten wunschgemäß und tatkräftig das „Wirtschaftswunder" Westdeutschlands mit auf. Aber – wer konnte das denn ahnen – die bekamen im Laufe der letzten sechzig Jahre einfach Kinder! Und Enkel. Oder vermählten sich womöglich mit Einheimischen.

„Wir sind kein Einwanderungsland", beteuerte Kanzler Helmut Kohl von 1982 bis 1998 trotzig weiter, während Deutschland längst eins geworden war. Erst recht, seit die Nachfahren der „Gast"-Arbeiter erwachsen und berufstätig wurden. Es gibt rund 19 Millionen „Deutsche mit Migrationshintergrund", und jeder, der Volkswirtschaft und Soziologie zusammendenken kann, hat sich dran gewöhnt. Dass ihm z. B. die Hauptnachrichtensendungen in ARD und ZDF von Menschen präsentiert werden, die „Ingo Zamperoni", „Linda Zervakis", oder „Pinar Atalay" heißen.

Hilft die Selbstverständlichkeit ihres Deutschseins gegen die Überfremdungsängste z. B. mancher Christen vor dem Islam? Hilft wenigstens die Erkenntnis, dass viele Migranten zu den rund 7 Millionen steuerzahlenden Erwerbstätigen im Niedriglohnsektor gehören? Zu jenen Menschen also, ohne die unsere Bauwirtschaft, die Schwerindustrie, das Handwerk, die Infrastruktur, vor allem aber das Gesundheitswesen schlichtweg zusammenbrechen würden?

Es gibt islamkritische Muslime. Der Politologe Bassam Tibi, der Psychologe Ahmad Mansour, die Imamin Seyran Ates, der Theologe Mouhanad Khorchide, die Autorin Necla Kelek oder der Ex-Radikale Hamed Abdel-Samad. Sie nehmen „unsere" Ängste ernst, aber sie transformieren sie nicht zu Hass. Ihre sehr differenzierten und differenzierenden Erfahrungen und Expertisen müssten auch von Christen endlich ernst genommen werden.

Konfessionell sind die allermeisten „Deutschen mit Migrationshintergrund" übrigens keine Muslime, sondern sind so katholisch wie CSU-Spitzenkraft Horst Seehofer. Warum der in der Migration „die Mutter aller Probleme"[55] sah, muss er in fünfzehn Jahren dann seiner moldawischen Altenpflegerin erklären, fürchte ich.

Nein, die täglich neu erschütternde Erkenntnis ist: Zahlen, Daten, Fakten – zigmal gegengeprüft, gesichert, zertifiziert oder rechtskräftig bestätigt – gehen als Airbag-für-die-Seele einfach nicht auf. Zumindest nicht für die sehr deutschen Seelen ideologisch zementierter Sozialphobiker.

Erst wenn von unabhängigen, aber nahestehenden Freunden die diffuse kollektive Angst auf ihre konkrete individuelle Realität hin „entmachtet" wird; erst wenn ein sachlich-respektvolles, aber mitfühlendes Gespräch die tatsächliche Bedrohung des Einzelnen in seinem Alltag einzuschätzen hilft, könnte der kleine Witz wahr werden: „Meine Frau und ich sind beim Paartherapeuten alle unsere Probleme durchgegangen. Aber keins hatte mit Migranten zu tun."

„Unsere Angst ruft nicht nach Erklärungen und braucht keine wahrheitsgemäßen Informationen. Unsere Angst ruft nach Nähe. Sie ruft nach jemandem, der bei uns ist und uns hält. Die Angst möchte nicht beantwortet, sondern gefühlt werden. Und dann – möchte sie nicht weggeredet, sondern gestillt werden."[56]

Darum geht es, als Gott mit Mose redet.

Mose, der Spross viel zu kinderreicher Einwanderer, die von den Einheimischen erst beargwöhnt, dann unterdrückt und schließlich mittels unmenschlicher Gesetze dezimiert wurden; Mose, das-aus-dem-Wasser-gerettete undankbare Adoptivkind auf der schiefen Bahn, der polizeilich gesuchte Mörder in der Heimatlosigkeit seines langweiligen Exils; dieser Mose findet genau das: „jemanden, der bei uns ist und uns hält."

Vorher jedoch hat er eine vielfältig erstaunliche Gottesbegegnung.

5

Halt, stehen bleiben. So sein dürfen

Dass die Pannenhelfer des ADAC „Gelbe Engel" genannt wurden, ist lange her. Ein bisschen hochtrabend war der Titel immer schon, oder?

Vielleicht war „gelber" Engel ja auch den religiösen (oder esoterischen) Kitschbildern geschuldet, in denen blassweiße oder pinkfarbene Engelsgestalten niedlich-friedlich den Geängstigten erscheinen.

Engel im Sinne von „Gottesboten", von Überbringern einer Nachricht, einer Vorhersage, Ansage oder Anweisung aus der jenseitigen Welt aber – die lösen in der biblischen Weihnachtsgeschichte z. B. erst mal „Erschrecken" aus:

„Da erschien ihm der Engel des Herrn an der rechten Seite des Räucheraltars, und als Zacharias ihn sah, erschrak er und Furcht überfiel ihn."[57]

„Der Engel kam zu ihr (Maria) hinein und sprach: Sei gegrüßt, du Begnadete! Der Herr ist mit dir. Sie aber erschrak über die Rede."[58]

„Es waren Hirten auf dem Felde bei den Hürden, die hüteten des Nachts ihre Herde. Und des Herrn Engel trat zu ihnen und die Klarheit des Herrn leuchtete um sie und sie fürchteten sich sehr."[59]

Hirte Mose fürchtet sich nicht. In der Gluthitze der Halbwüste hat sich vertrocknetes Gebüsch wieder mal selbst entzündet, aber statt seine Schafe und Ziegen in Sicherheit zu bringen (Präriefeuer, Flächenbrand!), empfindet Mose offenbar mehr Neugierde als Angst: „Der Engel des Herrn erschien ihm in einer feurigen Flamme aus dem Dornbusch, und er sah, dass der Busch im Feuer doch nicht verzehrt wurde. Da sprach er: Ich will hingehen und diese wundersame Erscheinung besehen, warum der Busch nicht verbrennt."[60]

Ein Engel, eine Flamme – und Mose reagiert wie ein Passant in der Fußgängerzone, der sich einen Feuerschlucker mal aus der Nähe anschauen will??

Nicht Mose erschrickt, sondern ich. Wenn ich lese: „Als aber der Herr sah, dass er hinging, rief Gott ihm aus dem Busch zu: Mose, Mose! Tritt nicht herzu, sondern ziehe deine Schuhe von deinen Füßen, denn der Ort, darauf du stehst, ist heiliges Land."[61]

Das hört sich ja eher an wie „Halt, stehen bleiben!"

In nur vier Verslein werden gleich mehrere gute Nachrichten gegen die Angst transportiert. Das liebe ich an der Bibel: ihre unüberbietbare Dichte, ihre hohe Nährstoffkonzentration pro Satz.

Woran glaubte der „in aller Weisheit der Ägypter gelehrte"[62] Mose während seiner Zeit im Pharaonenpalast? Wissen wir nicht.

Zu wem betete er und auf wen hoffte er, als er der

Schwiegersohn eines „Priesters der Midianiter" geworden war[63]? Sagt uns die Bibel auch nicht.

Der frühchristliche Apostel und Märtyrer Stephanus meint in seiner letzten Predigt, Mose habe Gott im Dornbusch gehört, „als vierzig Jahre vergangen waren".[64] Vierzig Jahre ohne nennenswerte „Glaubenserfahrungen"?

Und dann Knall auf Fall, mitten im öden Alltagseinerlei, eine derartige Gottesbegegnung? Muss man nicht erst mal religiös-rituelle Vorbereitungen erfüllen, um Gottes Reden zu hören? Muss man nicht eine gewisse innere Offenheit und Erwartungshaltung herstellen oder moralische Voraussetzungen leisten?

Wie wär's mit Fasten? „Sieben Wochen ohne"! Oder Achtsamkeits-Atemübungen? Oder mit „Twentyfour-Seven"-Gebetsnächten? Oder wenigstens ein paar Exerzitien-Tagen im Kloster?

Nein, Gott erscheint und spricht voraussetzungs- und bedingungslos.

Mose hat das Reden Gottes nicht herbeigebetet.

Er hat sich erst mal bedeckt gehalten, aus Angst vor seiner Vergangenheit, aus Sorge um die Folgen seines So-Seins. Er hat sich vor den Unwägbarkeiten der Gegenwart mit routinierter Alltagserwerbsarbeit geschützt. Das Inkognito hatte bislang erfolgreich funktioniert. Es war Mose gelungen, ein bedeutungsloser Nobody zu sein.

Gott aber widerspricht: Nein, das bist du nicht. Ich sehe dich, ich kenne dich, ich habe nachgeschaut, wo du steckst. Ich rufe dich bei deinem Namen, du bist mir nicht egal.

Kein Mensch ist Gott egal.

Es gibt, Stand 2019, mehr als 7,3 Milliarden Menschen auf der Welt, darunter mehrere Hundert Malessas, und selbst wenn eine Handvoll davon „Andreas" heißen sollte – mich gibt's nur einmal. Mein Fingerabdruck und meine DNA-Probe beweisen es. Begriffe, Typologien, Berufsbezeichnungen gibt's im Plural. Vornamen gibt's nur im Singular. „Alle Mosesse mal herhören"? – Nein: Gott sieht, kennt und ruft den einen, den Abgetauchten. Behält also auch denjenigen Menschen im Blick, der jahrelang „religiös unmusikalisch" war, der „für Spiritualität unempfänglich" und „nicht besonders fromm" daherkam. Gott sieht und ruft auch den, der gerade „wahrlich andere Sorgen hat", wie wir umgangssprachlich sagen. Gott schaut nach Menschen, die „den lieben Gott 'n guten Mann sein lassen", „mit Kirche nix am Hut haben" usw. Ein beliebter Spruch dazu geht so: „Taufe, Konfirmation, Hochzeit, Beerdigung. Vier Mal im Leben kommt der Durchschnittsdeutsche in die Kirche. Zwei Mal davon wird er getragen."

Gottes kaum zu glaubende sensationelle Zusage „Ich habe dich bei deinem Namen gerufen, du gehörst zu mir."[65] ist übrigens der Unterschied zur Natur: Die ist atemberaubend schön, sie ist ein beredtes Zeugnis der Kreativität und Genialität des Schöpfers, sie ist um Gottes Willen

schützenswert, wir sollen sie hegen und pflegen[66]– aber vergötzen, sie „anbeten" oder von ihr Antworten auf persönliche Fragen erwarten sollten wir nicht. Denn: Die Natur ist beängstigend gleichgültig.
Ich als Person bin der Natur völlig egal.
Ob ich verdurste oder ertrinke – sie sonnenverbrennt oder überschwemmt mich ungerührt weiter. Ob mein Haus von einer Schneelawine zerquetscht oder von einem Orkan davongepustet wird, ob es Feuer fängt oder in einer Erdspalte verschwindet, ist ihr wurscht. Wenn ich Krebs habe, wuchert der „ganz natürlich" einfach weiter. Die Natur ist beängstigend gnadenlos, sie verzeiht keine Fehler. Fragen Sie mal Bergsteiger, Segelflieger oder Tauchsportler.

Ich bin aber ein Mensch, der Fehler macht! Und deshalb brauche ich die „gnädige" Nachsicht eines persönlichen Schöpfers, damit mich die Folgen vergangener Fehler nicht zu Fall bringen, die Unwägbarkeiten der Gegenwart nicht erwischen und die Zwangsläufigkeiten der Zukunft nicht umbringen.
Nicht der Dornbusch selbst, nicht das Feuer an sich artikulieren irgendwas. Es ist Gott, der den einzelnen, unverwechselbar identifizierten Mose bei seinem (und keinem anderen) Namen ruft. Diese Aufwertung als Gegenüber ist gut gegen die Angst vor der Bedeutungslosigkeit. Und gut gegen die Angst, im Nirgendwo verloren zu sein:
„Der Boden, auf dem du stehst, ist heiliges Land!"[67], warnt Gott. Da höre ich doch Mose insgeheim den-

ken: „Echt jetzt? Also eben war's noch eine stinknormale Steppe. Besprenkelt mit den kleinen, kaffeebohnenartigen Kötteln meiner Schafe."

Richtig, da warst du ja auch bloß ein Hirten-Nobody im Exil, ein „Fremdling im fremden Land"[68]. Jetzt aber bist du der persönlich angesprochene Adressat des lebendigen Gottes. Und Gott setzt gerade eine Grenzmarkierung, die das Allgemeine vom Individuellen und das Öffentliche vom Persönlichen trennt. Der unbestimmte Raum für alle und alles Mögliche wird definiert als privater Bezirk für den Einen und das einzig Nötige.

Gott „heiligt" den profanen Raum.

Unser deutsches Wort „heilig" kommt her vom griechischen „hagios", und das bedeutet im Judentum wie im Christentum „umzäunt", „besitzmarkiert", „nur Gott zugehörig", „exklusiv gewidmet", „Gott geweiht", „speziell reserviert", „nur missbräuchlich gegen seine Widmung verwendbar". Im altdeutschen Sprachgebrauch nannte man eine Weide, ein Grundstück oder einen Garten „Hag".

Angesichts einer solchen Besitzmarkierung stelle ich mir sofort die Frage „Bin ich berechtigt, da reinzugehen?" „Darf ich hier sein?"

Und Gott sagt: „Nein. Eigentlich nicht, aber bleib. Wir müssen reden."

Nachempfinden können wir diese Angst vor dem Ungenügen, wenn wir als Touristen in kurzen Hosen eine

Kathedrale betreten, in deren Altarraum gerade eine Eucharistiefeier zelebriert wird. Wenn wir im Alltag mit schweren Einkaufstaschen die Abkürzung über den Friedhof genommen haben und in eine Beerdigungsgesellschaft am offenen Grab geraten sind. Wenn die Putzfrau in den Backstage-Fluren des Kongresszentrums die falsche Tür aufstößt und plötzlich im voll besetzten Konzertsaal steht.

Theologen nennen diesen Gefühlsmix aus Neugier und Zurückschrecken „das Faszinosum und das Tremendum". Angezogen und erschüttert werden.

Die Angst, nicht würdig zu sein und trotzdem gewürdigt zu werden.

Bibelkennern kommt an dieser Stelle ihr Wissen in die Quere, dass der hier „Horeb" genannte Berg ja jener „Sinai" ist, auf dem Mose später die Zehn Gebote empfangen wird[69]. Dass der Transportbehälter dieser Zehn Gebote, die sogenannte „Bundeslade"[70], dann die „Stiftshütte"[71] und später der Tempel[72], in dem man Gott Opfer darbrachte, als „heilig" gelten werden. Ebenso die Gerätschaften und Kleider, mit denen und in denen man diese Opferrituale zelebrierte[73] Aber weiß Mose das in diesem Augenblick schon?

Haben Menschen – möglicherweise bis heute – sogar ein Bedürfnis danach, es möge abgesonderte und vom Gebrauch und Anspruch des Alltags getrennte Bereiche geben?

Im Rahmen eines Gastvortrags über Medienethik an der Filmakademie Ludwigsburg fragte ich die Studierenden: „Was ist Ihnen heilig?" Und bekam als Antworten: „Mein Tagebuch". „Die Brosche meiner Oma". „Das Ferienhaus meiner Kindheit". „Die Erinnerung an unsere erste Liebesnacht".

Zusatzfrage: „Soll ich darüber mal abfällige Witze machen?" – Antwort: „Wehe! Diese Dinge, Orte und Erfahrungen gehören zu meinem Intimbereich, und es würde mich verletzen, wenn Sie die profanisieren."

Bingo, dachte ich: Wir selbst sind es, die dringend darum bitten, dass „Heiliges" heilig bleibt.

Wir selbst sind es, die die Schutzwürdigkeit, die „Unberührbarkeit" unserer persönlichsten Werte und Gefühle bewahren wollen.

„Der Ort, an dem du stehst, ist heiliges Land, und was du gerade erlebst, ist ein heiliger Moment." Kurz: Unterschieden und voneinander getrennt werden das Jenseits vom Diesseits, der Tempel von der Marktbude, die Priesterweihe vom Gesellenbrief, der Abendmahlskelch vom Bierseidel, die Hostie im Tabernakel von der Butterstulle im Wanderrucksack.

Hat Gott Angst vor der Neugier des unerschrockenen Mose und ruft deshalb: „Tritt nicht herzu"[74]? – Nein, er bewahrt Mose vor dem Verbranntwerden.

Das mag man astrophysikalisch interpretieren: Gottes

strahlendes Licht von Milliarden Sonnen im Universum würde Mose erst erblinden und dann verdampfen lassen.

Man mag es religionsmystisch verstehen: Der fehlerhafte, endliche Mensch würde sich in der Reinheit des Ewigen auflösen. Man kann es auch psychologisch lesen: Nicht Gottes Majestätsanspruch und Unnahbarkeit, sondern die Unverletzlichkeit der Intimsphäre des Menschen und sein Schutzbedürfnis werden sichergestellt.

Welche „Lesart" Ihnen auch zusagen mag: Laut Staatsanwaltschaft in Ägypten ist Mose noch immer ein steckbrieflich gesuchter Terrorist. Laut Priester Reguel alias Jetro ist Mose nur ein ägyptischer Flüchtling, der seinen langjährigen Aufenthalt im Lande Midian durch die Heirat mit einer Einheimischen legalisiert hat.

Laut Gott im Himmel ist Mose ein Mensch, der einzig dem gnädigen Gott untersteht. Der von Gott angesprochen, berufen, begleitet und beschützt werden wird.

Ich finde das eine gute Nachricht gegen die Angst vor dem Verlorengehen in Maß- und Grenzenlosigkeit.

In diesem heiligen, geschützten Raum der Gegenwart Gottes kann ich loslassen. „Ziehe deine Schuhe aus, denn der Boden, auf dem du stehst, ist heilig."[75]

„Das zieht einem ja die Schuhe aus!", sagen wir umgangssprachlich, wenn wir staunen, überrascht werden oder von etwas erschüttert sind.

Schuhe können Symbole sein: Klobige schwarze Springer-Stiefel, bis zu den Waden hochgeschnürt, können oder sollen einschüchtern und Gewalt androhen.

Handgearbeitete Kalbsleder-Loafers in Blau oder Dunkelviolett können oder sollen Reichtum und vornehmes Stilbewusstsein signalisieren.

Zierliche Riemchen-High-Heels können oder sollen Aufmerksamkeit erzeugen und hauchzarte erotische Ausstrahlung unterstreichen.

Wanderbolzen und Gummistiefel können oder sollen bodenständig zupackenden Pragmatismus demonstrieren.

„Lass alle diese Persönlichkeits-Krücken und Selbstwert-Stützen doch mal weg", sagt Gott.

Wir heutzutage protestieren dagegen im Namen unserer beeindruckenden Statussymbole („mein Haus, mein Auto, meine Fünfsterneküche") und sagen „Da steh' ich aber drauf!"

Ja, normalerweise stehst du auf so was.

Aber oft genug stehst du auch auf dem Schlauch, oder?

Jetzt stehst du auf „heiligem Land"!

Im „Hag" seiner Gegenwart, im Machtbereich des Schöpfers, der dich schützt.

Mensch Mose, dir als Hirte muss doch keiner erklären, was „behütet sein" bedeutet, oder? Hier brauchst du keine Angst vor dem Loslassen haben, weil nicht mehr alle anderen die Deutungsmacht über dich ausüben, sondern dein Schöpfer.

Deine Identität „fußt" nicht mehr auf deinem gesellschaftlichen Ansehen und dem Gesehenwerden, auf kostspieligen „Distinktionsmerkmalen" wie Mode, Schuhe,

Schmuck, Geschmack, Vermögen, Wohngegend und Wohnambiente. Nicht mal dein Herkunftsmilieu und deine Bildungsreferenzen kennzeichnen dich zutreffend. Huch, da staunt der Herr Prinzessinensohn aber.

Nein, ab jetzt „markiert" dich die Tatsache, erkannt und benannt, gerufen und berufen, eben „Gott zugehörig" zu sein.

Außerdem: „Barfuß bist du berührbarer", höre ich Gott zwischen den Zweigen und Flammen des Dornbuschs sagen. „Du spürst einfach mehr. Das Gras, den Sand, das Wasser. Warme Steine, feuchte Erde, schmerzenden Kies. Du setzt deine Schritte sorgfältiger und kannst jeden verstehen, dem das Gehen schwerfällt, weil er Angst vor dem nächsten Schritt hat."

Schöne Grüße an Wirtschaftsführer, Vorstandsvorsitzende, Chefs und Projektleiter heute, dreitausend Jahre später. Können sich die Lohnabhängigen den Firmeneigner, den Geschäftsführer oder den Personalchef in hochgekrempelten Hosenbeinen und barfuß in Flipflops vorstellen?

Überall in Management-Coachings ist von „emotionaler Intelligenz", „sozialer Kompetenz" bis hin zu „empathischer Sensibilität" die Rede. Die wird Mose brauchen, um eine gute Führungskraft zu werden. Solange er zuerst an seinen eigenen Schutz vor Dreckwasserpfützen, Asche, Scherben und Hundekot denkt statt an die Trittsicherheit und das Schritthalten der Geführten, wird er kein guter

„Führer" oder „Hirte" sein. Das soll er aber nach Gottes Willen werden.

„Barfuß! Was ist mit Schlangen?", protestiert Mose.

„Ja", höre ich es aus dem Dornbusch, „verletzlicher bist du jetzt auch. Aber mit Schlangen und Hirtenstäben zeig' ich dir nachher noch was[76]. Jetzt reden wir erst mal über die Angst vor den Langzeitwirkungen der Vergangenheit, deine Identität in der Gegenwart und die Flucht vor der Zukunft. Und wer ich bin".

6

Die Ahnen erahnen

„Ich bin der Gott deiner Väter, Abraham, Isaak und Jakob"[77], tönt es aus dem Dornbusch – und was gäbe ich drum, zu erfahren, was Mose daraufhin dachte! Wieder mal schweigt sich die Bibel aus und beschreibt stattdessen seine nonverbale, seine körperliche Reaktion: „Er verhüllte sein Angesicht ..."[78]

Ist dies der Moment – nach Jahren schwankender Identitäten und Rollen, nach langer Suche und Sehnsucht, wem und wohin er denn nun eigentlich gehört –, in dem Mose seiner hebräischen Abstammung, seiner ethnischen, religiösen und kulturellen Identität versichert wird? Ist dies der Moment seiner verbrieften biografischen „Verortung"? Die er sich nicht selbst sagen konnte, die ihm „zu-gesagt" werden musste?

Eine beschaulich-erbauliche Lesart ist hier naheliegend. Ergriffen oder erschrocken „verhüllt Mose sein Angesicht". Macht ihn diese Selbstbezeichnung Gottes himmelhochjauchzend stolz – „ich bin Teil einer Segens- und Glaubensgeschichte, denn Gott redet mit mir wie zu den verehrten Erzvätern des jüdischen Volkes!"?

Oder dachte er: „Das hatte ich befürchtet, ja. Nicht die goldgefüllten Sarkophage kluger Staatslenker, keine Grabwände mit den in Stein gemeißelten Ahnentafeln heldenhafter Pharaonen erzählen meine Familiengeschichte, sondern allerlei mündliche Anekdoten herumirrender Habenichtse. Ja danke schön"?

Oder dachte er: „Sind *das* denn meine Väter? Meinen biologischen Vater kenne ich nicht und mein Adoptivvater will mir an die Gurgel."

Für traditionelle Bibelleser vielleicht brutal, aber auch durchaus denkbar: Der polytheistisch erzogene Mose dachte: „Na gut, noch 'n Gott. Ehren wir ihn sicherheitshalber."

Das wissen wir alles nicht. Der oder die Autoren dieses Textes erzählen nur, dass Mose eine Demutsgeste macht. Gott gibt sich zu erkennen – und Mose erkennt, wer er wirklich ist. Indem er hört, wer und was zu seiner Geschichte gehört.

Die Angst vor Langzeitfolgen der Vergangenheit wird also nicht dadurch überwunden, dass man postmoderne Postkarten zitiert – „Was gewesen ist, ist gewesen, vergiss es, schau nach vorn, denk positiv" –, sondern indem man sich dieser Vergangenheit stellt, sie durch möglichst präzises Erinnern entzaubert, sie ent-dämonisiert und ent-mächtigt.

Das, finde ich, ist eine gute Nachricht gegen unsere heutige unbestimmte, aber wirkmächtige Angst vor genetischem Determinismus, vor biografischer Prägung, vor angeborenen oder erworbenen Neigungen und Angewohnheiten, kurz: eine gute Nachricht gegen die Angst vor dem unabänderlichen „So-Sein".

Jedes Ehepaar, vermute ich, kennt den Satz, der selbst kleine Alltagsreibereien in ein flammendes Inferno verwandeln kann: „Wie deine Mutter!" Oder „Genauso hat dein Vater immer reagiert!". Es ist ein Benzinkanister-Satz. Nicht empfehlenswert. Obwohl er manchmal wahr ist …

Gott sagt: „Ich kannte schon deine Urugroßmutter." Die nicht Fahrrad fahren durfte, weil das für Mädchen unschicklich war. Ausgiebig haben zwei Familien debattiert, ob und wie sich gesellschaftlicher Stand, Haus- und Grundbesitz, Mitgift und Hochzeitskosten zusammenfügen, wenn sie mit deinem Urugroßvater verheiratet wird. Sie wurde. Trotzdem hieß es bei der kirchlichen Trauung: „Was *Gott* zusammengefügt hat, soll der Mensch nicht scheiden."

Ihr erstes von sechs Kindern, deine Uroma, rettete den Handwerksbetrieb durch den Ersten Weltkrieg, weil ihr Mann ja gegen die Franzosen kämpfte. „Gott mit uns" stand auf seiner Gürtelschnalle. Und an Heiligabend sangen die Kinder: „Morgen kommt der Weihnachtsmann, kommt mit seinen Gaben, Trommel, Pfeife und Gewehr / Fahn' und Säbel und noch mehr / ja ein ganzes Kriegesheer / möcht' ich gerne haben."

Das kriegten sie auch. In den Kriegen 1870/71 und 1914/18, während ihre Eltern skandierten „Jeder Stoß ein Franzos, jeder Tritt ein Brit." Der militaristische Hurra-Patriotismus in Preußen lenkte ab von der hohen Kindersterblichkeit infolge übler Wohnverhältnisse: Plumpsklos in Mehrfamilienhäusern und Wasser aus öffentlichen Ziehbrunnen verursachten Typhus-Epidemien. Deine Vorfahren überlebten. Uropa kam unverletzt von der Westfront zurück. Als er ein scheuendes Pferd an der Leine festhielt, schnitt ihm die Kordel drei Finger der rechten Hand ab. Monate nach Kriegsende. Durch eine Rückdatierung des Unfalls bekam er lebenslang Invalidenrente. Aber ins Kino gehen oder tanzen, Alkohol trinken und rauchen, masturbieren oder vorehelich Sex haben waren weitaus schlimmere Sünden als z. B. Lug und Betrug. Oder z. B. Kinder mit Gürteln zu peitschen und mit Holzlöffeln zu prügeln.

Weder Uropa noch Großvater waren Nazis, heißt es immer. Na ja, jedenfalls keine überzeugten. In den ländlich pietistischen „Erweckungsgebieten" Deutschlands erhielt die NSDAP im Januar 1933 aber bessere Wahlergebnisse als in den „gottlosen" Arbeiterbezirken der Großstädte. Den Kredit vom jüdischen Banker, den eure Familienfirma 1937 aufnahm, den habt ihr nie zurückzahlen müssen, stimmt's? Der Banker war ja plötzlich weg.

„Ich bin der Gott deiner Mutter", tönt es aus dem Dornbusch. Die als kleines Kind vor den Beatles und kurzen

Röcken gewarnt wurde, sich später gerne als Hippiemädchen kleidete, ein paar Mal in einer Studenten-WG übernachtete und wegen „Unzucht" aus ihrer sittenstrengen Gemeinde flog. Per öffentlicher Abstimmung. „Ich bin der Gott deines Vaters", hört man aus dem Dornbusch. Des Vaters, dem es wurscht war, eine „aus der Welt" zu heiraten, und der sie deshalb jahrzehntelang und behutsam wieder zu einer praktizierten Frömmigkeit zurückführte.

Was kann ich mir, heute, für diese generationenübergreifende, kontinuierliche, „ewige" Treue Gottes kaufen?

Eine angstfreie Sicht auf meine Herkunft. Weder idealisierend („Was die geleistet haben, schaffe ich nie") noch dämonisierend („Wenn ich das geerbt habe, au weia").

Gott fordert Mose dazu auf, sich mit der Geschichte seines Volkes und seiner Familie zu beschäftigen. Der wird dabei feststellen, dass früher nicht alles besser war und die Altvorderen zwar formell frömmer, in theologischen und ethischen Fragen aber ganz und gar Kinder ihrer Zeit und Konvention waren. Was sonst.

Abraham, Isaak und Jakob posthum als Glaubenshelden zu ehren[79], ist naheliegend und von ihrer Wirkungsgeschichte her auch richtig. Zu Lebzeiten konnte Abraham aber nur dadurch überleben, dass er seine Frau dem Pharao als Haremsgespielin überließ und behauptete, sie sei seine Schwester.[80]

Isaak wurde beinah vom eigenen Vater geschlachtet, als der glaubte, ein Menschenopfer bringen zu müssen.[81]

Jakob betrog seinen halb blinden greisen Vater Isaak um den Segen, seinen Bruder Esau ums Erbe[82], seinen Onkel und Arbeitgeber Laban um den Erfolg bei der Schafzucht[83], zeugte Kinder mit einer Frau, die er nicht liebte[84], und liebte zeitlebens eine Frau, die seinen Glauben nicht wirklich teilte[85].

Was ist die gute, die beruhigende, die „Airbag"-Nachricht daran? Dass sich über all die biografischen Brüche und Katastrophen hinweg langfristig Gottes „Segen" durchgesetzt hat. Dass vom Ende und Ergebnis her betrachtet Gottes „Heil", sein „Schalom" obsiegte. Dass „Gott auf krummen Linien gerade schreibt", wie wir umgangssprachlich sagen. Dass er nicht jeden Mist unterschreibt, den wir verzapfen, aber sehr wohl „signiert" – daher kommt unser Wort „segnen" –, was wir in aller Unvollkommenheit und Schwäche zu leisten versuchen. Dass auch aus kleinen Herzen große Wirkungen kommen können. Dass auch halbe Sachen zu ganzen reifen können, kurz: dass Gott „ewig", aber eben in der kurzen Zeit und dem kleinen Raum eines einzelnen Menschenlebens gnädig, barmherzig, nachsichtig und fürsorglich ist.

Unter meinen Freunden, Bekannten, Kolleginnen und Kollegen der Geburtsjahrgänge 1965 bis 1985 gibt es viele, die das nicht von sich sagen können. Die absolut keinen versöhnlichen Rückblick auf ihre religiöse Prägung haben. Gott war nämlich meistens nur der „Gott *unserer* Väter und Mütter", ganz alleine *ihrer.* Nicht der Gott der papsthörigen Katholiken, der liberal-verlotterten Protestanten oder der naiv schwärmerischen Pfingstler, nein, Gott war „unser" konfessioneller Stammesgott, und solange er in den jeweiligen winzigen Zirkeln ungestört verehrt werden durfte, war das „Heil" der kleinen Herde immer wichtiger als das „Wohl" der restlichen 99 Prozent der Welt.

Viele Christinnen und Christen in der Lebensmitte wundern sich heutzutage deshalb zu Recht, warum z. B. prominente Evangelikale hartnäckig „die 68er" als Feindbild beschwören und einen seither fortschreitenden „Werteverlust" beklagen. Der fast neunzigjährige Wissenschaftshistoriker Michael Serres nennt sie „Meckergreise", deren wütender Anti-Modernismus die humanitären Fortschritte der letzten siebzig Jahre schlechtredet.[86]

Wären sie denn glücklicher, wenn Frauen ohne Einwilligung ihres Ehemannes keinen Beruf ergreifen und kein Konto eröffnen dürften?

Vor 1968 lag das Sorgerecht für nichteheliche Kinder beim Jugendamt und konnte der Alleinerziehenden jederzeit entzogen werden. Vergewaltigung in der Ehe und familiäre Gewalt waren nicht strafbar. Prügel, Eingesperrtwerden, Schlaf- und Essensentzug waren in vielen Kinderheimen der grausame Normalfall. Beherbergte man unverheiratete Männer und Frauen über Nacht bei sich, konnte man wegen „Kuppelei" angezeigt werden. Also von den Nachbarn denunziert werden. Konfessionsverschiedene Ehen waren ein Familiendrama und Scheidungen wurden nach dem Schuldprinzip geahndet. Ertappte Schwule kamen ins Gefängnis, bekannte Altnazis, SS-Größen und KZ-Folterer kamen in hohe und hochdotierte Führungsämter.[87]

Wer als junger Mann den Wehrdienst an der Waffe verweigerte und als „Zivi" Pflegebedürftigen den Hintern wusch, war ein „Drückeberger". Wer gegen Atomraketenstationierung und Atomkraftwerke demonstrierte, war ein „wahrscheinlich von Moskau bezahlter nützlicher Idiot".

Sicherer schien es da, die restlichen der achtzehn Millionen Broschüren von 1961 zu lesen, die von der Bundesregierung verteilt worden waren: „Jeder hat eine Chance" hieß die und gab Tipps zum privaten Bunkerbau vor einer Atombombenexplosion.

Noch jeden Liberalisierungs- und Humanisierungsschub haben weite Teile konservativer Katholiken und Evangelikaler mindestens beargwöhnt, in ihren Zeitschriften und Gemeindebriefen verdammt oder als Indiz alarmierender Verweltlichung und drohender Christenverfolgung dämonisiert.

„Ich bin der Gott deiner Vorfahren" – das ist trotzdem eine entlastende, befreiende, beruhigende „Airbag"-Nachricht, finde ich.

Weil Gott sagt: Ich sehe dich im langfristigen Zusammenhang. Du bist das vorerst letzte Glied einer mir bekannten Kette und Verkettung-von-Umständen, für die du erst mal nicht verantwortlich bist. Die depressive Allmachtsfantasie unglücklicher Selbstzweifler – „ich bin nicht allmächtig, aber wahrscheinlich an allem schuld" – ist dummes Zeug. Ich weiß, dass du familienbiografisch auslöffelst, was andere vor dir eingebrockt haben. Dass du dich – in Nachahmung oder bewusster Gegenreaktion – zu Eigenschaften, Angewohnheiten, Familientraditionen und Erziehungsprinzipien verhalten musst, die du nicht beeinflussen konntest, sondern vorgefunden hast.

Nichts gegen Familienaufstellungen, solange sie seriös durchgeführt werden; ein Hoch auf die Verantwortungsvollen unter den „systemischen" Therapeutinnen und Therapeuten. Aber vielleicht kommst du dir selbst und deinen Rätseln ähnlich treffsicher auf die Spur, wenn du nicht die toten Ahnen, sondern den lebendigen „Gott deiner Ahnen" fragst. Und dabei den Unterschied zwischen Ehrfurcht, Furcht und Angst kennenlernst.

7

Ehrfurcht gegen Angst

Martin Luther hat zwischen Dezember 1521 und Februar 1522 in nur elf Wochen auf der Wartburg das Neue Testament aus dem Griechischen ins Deutsche übersetzt. Eine „Sternstunde der Menschheit", zweifellos. Mit unfassbarer Präzision und sprachschöpferischer Kreativität hat er Redewendungen und Begriffe „erfunden", die wir noch heute verwenden.

Aber er hat „thlipsis", die erstickende, lähmende Angst, und „phobos", die sorgenvolle Befürchtung, nicht konsequent genug voneinander getrennt, finde ich.

So kommt es, dass wir im Psalm 23, der berühmten biblischen Hymne der Geborgenheit, beten „und ob ich schon wanderte im finsteren Tal, fürchte ich kein Unglück"[88], andererseits aber im mosaischen Gesetz ermahnt werden „Du sollst dich vor deinem Gott fürchten!"[89]

„Die Furcht des Herrn mehrt die Tage"[90], sie „ist eine Quelle des Lebens"[91], sie ist „ein Schatz"[92] und Gott verheißt seinem Volk, ihm „meine Furcht ins Herz zu geben"[93], gleichzeitig tröstet er den furchtsamen Menschen aber in zeitlos bewegenden Worten: „fürchte dich nicht, ich bin bei dir"[94], „fürchte dich nicht, ich habe dich erlöst"[95].

Im Neuen Testament steht, die Jünger Jesu im sturmgepeitschten Boot hätten in ihrer Todesangst „vor Furcht geschrien"[96] und in einer apokalyptischen Katastrophe würden Menschen „verschmachten vor Furcht"[97]!

Da, so wage ich mal ganz unbescheiden anzumerken, müsste meines Erachtens „Panik" stehen, um dem Sinnzusammenhang gerecht zu werden.

„Die Furcht des Herrn ist der Anfang der Weisheit", heißt es in Psalm 111, Vers 10. Muss man also erst Angst vor Gott haben, um lebensklug, um „weise" zu werden?

Später heißt es aber in einem bei Hochzeiten oft zitierten Vers: „Furcht ist nicht in der Liebe, sondern die völlige Liebe treibt die Furcht aus".[98] Ja was denn nun? Fürchten oder lieben oder beides oder wie jetzt?

Es war der zu Lebzeiten bedauernswerte und posthum bewundernswerte dänische Theologe und Philosoph Sören Kierkegaard (1813–1855), der zwischen „existenzieller unbestimmter Angst" und „akzidenteller zielgerichteter Furcht" unterschied[99].

Angst sei ein Urphänomen des Menschen, das eigentlich keinen Auslöser braucht – „ich ängstige *mich*" – und Furcht ein auf konkrete Bedrohungen gerichteter Affekt – „ich fürchte *etwas*". Sörens Vater hatte ein Dienstmädchen geschwängert, während seine Ehefrau im Sterben lag. Der alte Herr Kierkegaard war sich sicher, seine Schuld werde Gott an der „Frucht der Sünde" rächen, am kleinen

Sören also, und sagte das dem Jungen auch. Aufgrund dieser düsteren Vorhersage fürchtete Kierkegaard ständig seinen baldigen Tod. Er wurde tatsächlich nur zweiundvierzig Jahre alt. Mit scharfer Beobachtungsgabe stellte er aber fest, dass auch bei seinen weniger depressiven Zeitgenossen der christliche Glaube meist deshalb praktiziert wurde, weil sie Angst vor der Hölle hatten. Er verachtete und verspottete diesen Angst-Glauben. „Fast überall, wo sich Christen mit der Zukunft beschäftigen, ist Strafe, Vernichtung, ewige Qual und Pein. Und wie dürftig ist ihre Fantasie, wenn sie die ewige Seligkeit der Gläubigen schildern! Als ein Angaffen des Herrn mit starren Pupillen."[100]

Bei Martin Luther funktionierte dieser „Glaube-als-Höllenprophylaxe" zunächst auch: Wie üblich in den pest-, hunger- und kriegsgeschüttelten Zeiten des Mittelalters fürchtete er sowohl den jederzeit möglichen Tod als auch das „todsicher" folgende Strafgericht Gottes und sämtliche sadistischen Höllenqualen. „Ich bin mehr als einmal bis in die Tiefe und den Abgrund der Verzweiflung hinabgestoßen worden, sodass ich wünschte, ich wäre nie als Mensch erschaffen worden, solange ich nicht wusste, wie heilsam und nahe der Verzweiflung solche Gnade ist."[101]

Dann aber – und das ist die eigentliche „reformatorische" Entdeckung Luthers – wird ihm klar: „In die Tiefe will niemand sehen, wo Armut, Schmach, Not, Jammer und Angst ist. Da wendet jedermann die Augen ab. Darum sieht Gott allein in die Tiefe, in Not, Jammer und

Angst, und ist nahe all denen, die in der Tiefe sind. So hat er seinen einigen liebsten Sohn Christum selbst in die Tiefe allen Jammers geworfen und an ihm vortrefflich gezeiget sein Sehen, Werk, Hilfe, Rat und Willen, worauf er gerichtet ist."[102]

Luther erlebt an sich selbst, wie die Angst vor dem Tod und ewiger Verdammnis in dankbares Staunen über das erschütternd solidarische Mitleiden Gottes verwandelt wird. In seinen Vorlesungen an der Uni Wittenberg über die Psalmen und den Römerbrief entdeckt er, warum „allein Christus" und „allein die Gnade" aus einer Heiden- und Höllenangst eine christliche „Gottesfurcht" im besten Sinn macht: Weil Gott da hinschaut, wo ich gar nicht erst hingucken will. Weil Gott den beängstigenden Jammer sieht und sich selbst, in Gestalt des Jesus Christus, in die unvorstellbarsten Tiefen hineinbegeben hat.

Gut dreihundert Jahre später hat der vom Fluch seines Vaters geängstigte Sören Kierkegaard ein ganz ähnliches Schlüsselerlebnis:

„Es ist eine unbeschreibliche Freude, die mich unerklärlich durchglüht. Nicht Freude über dieses und jenes, sondern der Seele vollgültiger Ausruf mit Zung' und Mund aus Herzensgrund, ein himmlischer Kehrreim, eine Freude, die gleich einem Windhauch kühlt und erfrischt."[103]

Pietisten nennen so was eine Bekehrung, Kierkegaard nennt es sein Befreiungs-Erlebnis.

Er versteht dieses plötzliche Umschlagen seines Lebens-

gefühls als eine „Begegnung mit der Ewigkeit, mit Gott" und nennt es später „meinen Sprung in den Glauben". Jetzt will er „den Ernst des Evangeliums zum Leuchten bringen" und „das Christ-*Sein* ins Christen-*tum* zurücktragen".[104]
Und als hätte Luther die mangelnde Trennschärfe gespürt, die er bei seiner Übersetzung des Neuen Testaments 1521/22 zwischen „thlipsis" und „phobos" gelassen hatte, unterschied er später zwischen „knechtischer Furcht" (timor servilis) und „kindlicher Furcht" (timor puerilis), nämlich zwischen der Angst vor schmerzhafter Strafe und dem gebotenen Respekt, der „Ehrfurcht" des Kindes vor den Eltern. Denn: Viele biblische Texte, in denen von „Furcht" die Rede ist, konnotieren sie nicht ausschließlich negativ, sondern haben eine Prise „Ehrfurcht" mit drin, ein respektvolles Stehenbleiben, Innehalten, Staunen: Staunen darüber, zwar ungenügend, aber eingeladen zu sein.

Wenn wir von der Wucht himmlisch schöner Musik ergriffen und zu Tränen gerührt wurden, beschreiben wir hinterher das Unbeschreibliche mit dem saloppen Spruch „Zum Nie-der-knien schön, kann ich dir sagen!" Warum?
Weil Niederknien die zutreffendste Geste gewesen wäre. Ein nonverbaler Ausdruck äußerster Ehrfurcht.

Kein Atheist und erst recht kein Protestant wird Katholiken belächeln, die wegen der „Furcht des Herrn" auf die Knie gehen, oder Orthodoxe komisch finden, die Ikonen küssen. Gläubige, die das „hingezogen und erschrocken sein", das „Faszinosum und Tremendum" verspüren und zum Ausdruck bringen, haben möglicherweise eine paradox klingende Erfahrung gemacht:

Wer in Ehrfurcht vor Gott *auf die Knie geht,* wird vor keiner im Wortsinn „fürchterlichen" Bedrohung mehr *in die Knie gehen* müssen.

„Keine Gedanken und keine Anstrengungen beseitigen die Angst, wohl aber die Erfahrung bedingungsloser Liebe. Im Vertrauen auf den gekreuzigten Christus erweist sich die menschliche Angst gleichermaßen als ertragbar wie überwindbar."[105]

8

Trost ohne Airbag

Noch immer flackert das Feuer im Dornbusch, und während Mose, barfuß und vollverschleiert, noch überlegt, wo sich seine Schafe inzwischen hingegrast haben könnten, sagt Gott etwas Ungeheuerliches:
„Ich habe das Elend meines Volkes in Ägypten gesehen und das Schreien über ihre Treiber gehört."[106]
Beim ersten Mal eine tröstliche Auskunft. Beim zweiten Hinhören ein Skandalsatz. Die einzig mögliche Rückfrage ist doch: „Warum erst jetzt?!"
Wenn du, der Gott unserer Väter und Mütter, weder blind noch taub bist; wenn du also Elend siehst und Schreie hörst – wo warst du dann??
Als das Babymorden unter männlichen hebräischen Neugeborenen in Ägypten begann? Als man die Pläne für wahnwitzige Monumentalbauten zeichnete und den Erschöpfungstod Zigtausender Zwangsarbeiter bereits einkalkulierte?
Wo warst du, als spanische Katholiken erst die Muslime und die Juden im eigenen Land, dann die Azteken in Mexiko und schließlich die Inkas in Peru abschlachteten? Wo warst du, als evangelische Schweden dreißig Jahre lang Massaker unter katholischen Deutschen anrichteten? Und

die wiederum bis ins achtzehnte Jahrhundert hinein Hexen verbrannten? Wo warst du, als britische Anglikaner Millionen Westafrikaner in Sklavenschiffe pferchten, die Frauen vergewaltigten, die Widerspenstigen auspeitschten, die Krankgewordenen über Bord warfen und dich ansonsten sonntags in Schiffsgottesdiensten priesen?

Vom Ersten und Zweiten Weltkrieg, vom Holocaust an sechs Millionen industriell ermordeten Juden, Roma, Schwulen und Behinderten, von den Gräueln der sowjetisch-amerikanischen Stellvertreterkriege in Vietnam, Angola, Mosambik und Kongo, vom Staatsterror des Apartheidregimes in Südafrika, vom Steinzeitkommunismus des Pol Pot in Kambodscha, vom Massenmord in Srebrenica unter den Augen der UN-Blauhelme, vom Völkermord in Ruanda, den Golf- und Irak-Kriegen der Amerikaner und den zwei Tschetschenien-Kriegen der Russen ganz zu schweigen?

„Und", denkt der moderne Mose des 21. Jahrhunderts – er hat längst Kippa, Kopftuch, Gebetsschnüre oder sonstige Ehrfurchtssymbole abgenommen, um Gott die Stirn zu bieten –, „komm' mir jetzt bloß nicht mit der Ausrede, das sei ja alles menschenverursachtes Elend gewesen. Böswillig angezettelte Verbrechen, für die du da oben im Himmel nicht verantwortlich seist, wegen des freien Willens des Menschen und so. Erstens bleibt noch genügend Horror ohne Zutun des Menschen übrig – vom Erdbeben in Lissabon 1755 bis zum Tsunami von 2004 – und zweitens hättest du ja eingreifen *können*. Souverän vorbei am freien Willen der Bösen. Massiv gegen die fahrlässige oder absichtsvolle Mittäterschaft deiner Gläubigen!"

Die Frage nach dem Ursprung des Bösen und dem Warum des Leids, „das ist der Fels des Atheismus", hat Schriftsteller Georg Büchner gesagt, und aus dem erschütternden biblischen Buch Hiob wissen wir: „Es" gibt keine Antwort auf diese Warum-Frage. Wenn ein geliebter Mensch chronisch schmerzkrank oder lebensbedrohlich krebskrank ist, kann man versuchen, dem Leid Gutes abzugewinnen („diese Erfahrung macht dich ja auch reifer"). Man kann ein Rätsel herbeispekulieren („was will dein Körper dir damit sagen?"), eine sinnvolle Zukunft imaginieren („irgendwann im Nachhinein weißt du, wofür es gut war") oder dem Kranken Hausaufgaben diktieren („Du musst jetzt lernen, so was anzunehmen"), man kann dem Leidenden Schuldgefühle machen („Gott hat dir ein Stoppschild in den Weg gerammt") oder vage Hoffnungen („wenn Gott eine Tür schließt, tut er irgendwo eine andere auf") – aber eine auch nur ansatzweise kausal logische Antwort auf das Leiden gibt es nicht. Zumindest keine, die den tragisch Betroffenen zufriedenstellen könnte.

Menschen, die an dieser sogenannten „Theodizee-Frage" nach Gottes Gerechtigkeit ihren Glauben verloren haben, staunen manchmal über zwei seltsame Tatsachen:

1. In keinem Buch der Weltliteratur wird Gott so erschütternd beschimpft und angeklagt wie in der Bibel. Martin Luther fühlte sich in seinen Panikattacken von den sogenannten „Klagepsalmen" am besten verstanden[107].
Religionskritik ist keine Erfindung antiker „Heiden" oder moderner „Aufklärer", sie wird in den Glaubenstraditionen der Juden und Christen immer mittransportiert. Das, nebenbei und unter anderem, unterscheidet die Bibel z. B. vom Koran.

2. Ausgerechnet im extremsten Horror haben leidende, sterbende, trauernde Menschen ihr Vertrauen zu Gott intensiviert oder überhaupt erst gefunden.
In den Konzentrationslagern und Kerkern der Nazis haben manche der Gequälten Gott verflucht, ja, aber manche haben sich auch „von guten Mächten wunderbar geborgen, behütet und getröstet"[108] gefühlt.
Möglicherweise, weil sie entdeckten: Gott ist weder auf antike Tempel, Kathedralen und Klosteranlagen noch auf rot beleuchtete Tabernakel oder goldschnittgebundene Bibeln begrenzt, er ist – hier! Mittendrin im Dreck und Elend himmelschreiend ungerechter Verhältnisse dieser Welt.

Jürgen Moltmann, emeritierter Professor an der Uni Tübingen und Verfasser des epochalen Standardwerks „Theologie der Hoffnung", antwortete auf die Frage, ob er jemals resigniert verzweifelt gewesen sei: „Sicher! 1945 ging es mir im Kriegsgefangenenlager in Belgien so schlecht, dass ich sterben wollte. Ein Feldwebel schleppte mich zum Sanitäter und ich habe überlebt. Ich hatte Gedichte von Goethe und Schiller gelesen, aber im Dreck des Lagers sagten sie mir nichts mehr. Dann las ich die Klagepsalmen der Bibel – und sie gaben mir Worte für meine Gottverlassenheit. Und der gottverlassene Jesus am Kreuz hat mich von der Liebe Gottes überzeugt."[109]

Eine paradoxe, aber von vielen Leidenden und ihren Angehörigen oder Hinterbliebenen bestätigte gute Nachricht gegen die Angst: Kein Stoßgebet, keine Klage und kein Hilferuf enden an den Deckenleuchten über dem OP-Tisch, an den vergitterten Fenstern einer geschlossenen Psychiatrie oder auf den Fluren des Sozialamtes. Es gibt keine „gottverlassenen Nester" auf der Welt. Entgegen anderslautender Todesanzeigen gibt es auch kein „namenloses Leid", sondern nur „namhaftes". Ihm persönlich bekanntes.

Mose am brennenden Dornbusch muss feststellen, dass nicht ein unbeteiligter Beobachter von Wolke siebzehn herab über Elend und Geschrei parliert, sondern ein Vater, der die elend Schreienden „mein Volk" (!) nennt.

Die Opfer von Gewaltherrschaft und Ausbeutung, die Unterdrückten und Benachteiligten gehören also auf die engste Beziehungsart zu ihm, die überhaupt denkbar ist: wie ein Kind zu seinen Eltern.

Völlig unabhängig von der Frage, wer oder was „schuld"

an ihrer Misere ist, wie richtig oder falsch sich die Leidenden gegenüber ihrer Bedrohung verhalten, identifiziert sich Gott mit ihnen. Als Stimme der Stimmlosen bringt Gott sie dem – in Midian vergleichsweise sicher lebenden – Mose ins Bewusstsein.

Das ist beim Reden über das Leiden, das ist beim „Trostspenden" sowieso immer entscheidend: Wer sagt was? Den Religionskritikern des 19. Jahrhunderts kamen die tröstlichen Seligpreisungen der Bergpredigt[110] als „Eiapopeia vom Himmel"[111] vor, weil sie nicht beachteten, wer sie sagte: „Selig seid ihr, wenn ihr verfolgt und geschmäht werdet", sagte der Jesus von Nazareth, der verfolgt und geschmäht wurde!

„Nobody knows the trouble I've seen, nobody but Jesus" – niemand ermisst das Elend, das ich sah. Niemand – außer Jesus", sangen die unterdrückten Sklaven auf den Farmen der US-Südstaaten. Nicht ihre weißen, meist tiefgläubigen, Peiniger.

„Will trüb und schwer der Tag verrinnen, der mir nur Schmerz und Qual gebracht, so darf ich mich auf eins besinnen: dass Gott nie einen Fehler macht" – das formulierte kein frommer Oberlehrer aus der warmen Studierstube als Dogma, sondern das kritzelte Herbert Sack im Todeskessel von Stalingrad 1943 in sein Kriegstagebuch.

„Ich kann nicht tiefer fallen als in Gottes Hand", sagte im schmerzhaften Spotthagel und Hämesturm der Medien die Luther-Botschafterin für das Reformationsjubiläum

2017, Theologin Margot Käßmann, am 24. Februar 2010, als sie von ihren Ämtern als Ratsvorsitzende der EKD und Bischöfin der niedersächsischen Landeskirche zurücktrat. Tatsächlich geschrieben hat dieses Trostwort der Autor des Buches „Seefahrt tut not", Matrose Johann Kinau aus Hamburg. Künstlername Gorch Fock: „Und wenn ich gleich auf den Meeresboden sinke, so sinke ich doch immer nur in Gottes Hand."

Am 16. Mai 1916 wurde das während der Skagerak-Seeschlacht des Ersten Weltkriegs für ihn traurige Wirklichkeit.

Zugegeben – der Gedanke eines mit-leidenden Gottes in radikaler Nähe zu den Leidenden und Identifikation mit ihnen ist und bleibt rational befremdlich.

Nichts weniger aber mutet Gott uns zu, als er in Jesus von Nazareth Mensch wird: ein nicht ehelich geborenes Flüchtlingskind, von Brüdern und Jüngern missverstanden, von Religionsführern gehasst, von der Staatsmacht beargwöhnt. Besitzlos, obdachlos, kinderlos. Erst hochgejubelt, dann fallen gelassen, von übler Nachrede verleumdet, verraten und buchstäblich verkauft, gefoltert, unschuldig verurteilt und hingerichtet – „die Seligpreisungen werden nur vom Kreuz her verständlich", schreibt Dietrich Bonhoeffer.[112] Auch er ein Opfer von Staatsterror, den viele seiner Glaubensgeschwister achselzuckend hinnahmen.

Es ist genau jene „Torheit des Kreuzes", von der Paulus den kopfschüttelnden Griechen erzählt.[113] Es ist jene „Verrücktheit", die zum Satz führt: „Es" gibt keine Antwort auf das Leid. „Es", das wäre eine Plausibilität.

„Er", Christus, gibt eine. Das ist eine Paradoxie.

Entsprechend paradox geht es weiter am brennenden Dornbusch.

9
Angst vor Freiheit und Zukunft

Mose hat bereits mehrere gute Gründe gegen die Angst gehört:
Gott sieht mich eher, als ich dachte.
Er kennt mich mit Namen.
Er schützt mich vor Fremdbestimmung und Fehldeutungen, indem er mich berechtigt, in seinem Machtzentrum zu leben.
Er kennt meine Familiengeschichte.
Er hört zu, schaut hin und leidet mit. Intensiver, als ich es ihm glaube. Wie es mir geht, das weiß Gott – „Weißgott ...", sagen wir umgangssprachlich.

Aus diesem Zuspruch folgt für Mose jetzt aber ein unzumutbar wirkender Anspruch:
„So will ich dich zu Pharao senden, damit du die Israeliten aus der Knechtschaft führst."[114]
Mose hat sich von Neugier, Staunen und Ehrfurcht, vom ganzen Schock einer völlig unerwarteten Gottesbegegnung erholt. Als Rheinländer im 21. Jahrhundert würde er jetzt den Tusch des Karnevalorchesters hören: „Tata, tata, tataaaaa!"
Mich? Ausgerechnet *mich* willst du da hinschicken? Haha!

Entschuldige, aber so doll ist deine Geschichtskenntnis offenbar doch nicht: Die kennen mich da schon, lieber Gott! Die suchen mich sogar. Die haben eine Rechnung offen mit mir, wusstest du das?

Und wenn „alle tot sind, die dir nach dem Leben trachteten"[115] – wie beruhigend! –, dann sind auch alle tot, denen mein Name noch irgendwas sagt. Dann bin ich ein mitteloser, statusloser, hergelaufener Nobody mit einer wirtschafts- und gesellschaftspolitischen Schnapsidee. Jemand, den man nicht ernst nehmen muss, weil er ein Legitimations- und Autoritätsdefizit hat. Politische Irrlichter, Traumtänzer und Sozialromantiker, Verschwörungstheoretiker und selbst ernannte Revoluzzer, die alles bestreiten außer den eigenen Lebensunterhalt – ja danke schön. Hat jeder Staat und jede Gesellschaft genügend.

„Wer bin ich, dass *ich* zum Pharao gehe?"[116]

Und was heißt überhaupt, „damit *du* sie in die Freiheit führst"? Ist dir die vielschichtige Komplexität des Wortes „Befreiung" eigentlich klar?

Nee, lieber Gott, Pharao Alkohol in Deutschland lässt seine 2,5 Millionen suchtkranken Sklaven nicht einfach laufen, nur weil die Heilsarmee, das Blaue Kreuz oder die Anonymen Alkoholiker vorbeikommen.

Die Zwingherren Depression und psychische Erkrankung verzichten nicht mal so eben auf jene Tausende von Sklaven der Verzweiflung, die sich jedes Jahr das Leben nehmen. Es sterben in Deutschland inzwischen mehr

Menschen von eigener Hand als durch Autounfälle. Mehr als sechshunderttausend Menschen pro Jahr machen Selbstmord-Versuche. Gut, dass es die Diakonie und die Caritas gibt und ihre hunderterlei hoch zu lobenden Einrichtungen für alle Gebrechlichen der Lebensführung.

Aber die pharaonischen Tyrannen Armut, Unbildung, Verwahrlosung und Asozialität lassen ihre Sklaven und deren misshandelte Kinder doch nicht einfach frei, nur weil nach Kevins Tod im November 2006 eine Sozialministerin in Bremen zurücktreten musste und die Jugendämter jetzt besser aufpassen wollen! Es werden noch viele Kevins und Nicoles in vermüllten Messie-Wohnungen vernachlässigt, verprügelt oder sogar vergewaltigt werden, wenn Mama und Papa RTL2 in Ganztagesschleife gucken, statt Eltern zu sein. Aber kann ich da was machen? Ich bin kein Kinderarzt, kein Trauma-Psychotherapeut, kein Verwaltungschef für Kliniken oder Reha-Einrichtungen, ich bin nicht mal Erzieher oder Streetworker. Und wahrscheinlich obendrein viel zu alt für den Job.

Verlassen wir mal die Einwände des antiken Mose und die der heutigen Gerufenen und schauen genauer hin:

Es sind ja nicht nur die Geschädigten politischer Unterdrückung oder sozialer Katastrophen, die sich nur schwer befreien lassen – auch wir „Normalos" scheuen erst mal intuitiv zurück, wenn uns jemand „in die Freiheit ruft", oder?

Grenzen, Verbote, klare Kante, unmissverständliche Ansagen, in Stein gemeißelte Traditionen und Denkmuster boten und bieten so viel Sicherheit bei so wenig Eigenverantwortung – das ist doch allemal attraktiver als eine vage an den fernen Horizont gepinselte „Freiheit"!

Die Warnung, man müsse weltanschaulich und religiös „Kurs halten", nichts dürfe „ins Rutschen geraten", nur ein „kompromissloser Glaubensgehorsam" führe ins irdische Glück und in die himmlische Seligkeit – die klang doch immer plausibel, oder?

Ja. Bis sie von der eigenen Lebenswirklichkeit der gehorsamen Dulder widerlegt wurde.

Bis Individuation und Emanzipation, bis Persönlichkeitsreifung und Lebensbewältigung daran kaputtgingen und klar wurde: Auch sehr fromme Ehen scheitern, auch streng erzogene Kinder stürzen ab, auch Christen stehen sich in Erbschafts- und Arbeitsrechtprozessen feindlich gegenüber, auch inbrünstige Beter werden alkohol-, spiel- oder pornosüchtig, sitzen in der geschlossenen Psychiatrie. „Führe sie in die Freiheit!", ruft Gott aus dem Dornbusch, und Mose schüttelt spontan den Kopf.

Das „Geburtstrauma, aus der Mutterhöhle hinausgestoßen worden zu sein" – ist das die „Quelle der menschlichen Urangst", wie der Psychologe Erich Fromm 1941 vermutete?[117] „Platzangst" ist ja nicht das ungute Gefühl, wenn zu viele Mitfahrende in einem Aufzug gequetscht beieinanderstehen, sondern wenn jemand „mutterseelenallein" eine große Freifläche überqueren soll.

Oder ist es die evolutionär tiefsitzende Erfahrung unserer prähistorischen Vorfahren, dass es gefährlich ist, den schützenden Wald zu verlassen und auf die offene Savanne hinauszutreten?[118]

Der Ruf zum „Aufbruch des Menschen aus seiner selbst verschuldeten Unmündigkeit", wie ihn Philosoph und Aufklärer Immanuel Kant erklärte[119], löste immer schon heftige Bedenken aus: Als freier, mündiger, autonomer Mensch muss ich die Verantwortung für mein Reden und Handeln selber übernehmen, muss die Folgen abschätzen und die Konsequenzen tragen.

Ist Unmündigkeit da nicht viel bequemer? Spar' ich mir das dauernde Wählen- und Entscheidenmüssen, die Verantwortung und die Rechenschaftspflicht für mein Leben doch einfach und bleibe lieber in der „Knechtschaft" eines „Pharaos", der mir sagt, wo's langgeht, was ich tun muss, was erlaubt und was verboten ist, basta!

Daran wird Mose übrigens noch schier verzweifeln, wenn die von Gott wunderbar Befreiten „zu den Fleischtöpfen Ägyptens zurückwollen".[120]

Daran sind der Bürgerrechtler und Friedensnobelpreisträger Martin Luther King in den USA der 1960er- und der Politiker Nelson Mandela in Südafrika in den 1980er-Jahren schier verzweifelt: Manche „Sklaven" wollen gar nicht befreit werden. Weil ihnen die ungewohnten Risiken der Freiheit gefährlicher erscheinen als die gewohnten Leiden der Bevormundung.

Ein evangelischer Pfarrer, dessen Vater von russischer

Militärjustiz und Stasi-Spitzeln in ein sibirisches Arbeitslager verschleppt wurde und der seine Gemeindearbeit in Rostock unter der Knute der stramm antikirchlichen DDR-Diktatur durchführen musste, sagt: „Erich Fromm und der große Philosoph Karl Popper haben mehrfach davon gesprochen, dass es – verborgen unter den verschiedenen Ängsten – so etwas wie eine Grundangst gibt, die die Menschen gar nicht so genau definieren können. Ein diffuses, verunsicherndes Grundgefühl: die Angst vor der Freiheit.

Erich Fromm hält das nicht für einen Fehler im System des Menschen, sondern für eine anthropologische Konstante, einen Teil unserer Grundausstattung: Wir haben die Freiheit, zu wählen, wir haben Kraft und Mut, aber ohne Ängste ist diese Freiheit nicht zu haben. Deshalb ist es so leicht für Populisten zu versprechen: ‚Wenn du auf uns hörst, musst du dich nicht vor der Zukunft fürchten.'

Wenn aber dieser Prozess der Rückverwandlung von Freiheit in ein autoritäres System erst mal angefangen hat, werden die Menschen merken, dass sie die Freiheit vermissen. Einst erschien sie ihnen angstmachend, dann wird ihnen die Freiheit plötzlich fehlen.

Der Glaube hilft, gegen die Angst aktiv werden zu können, denn der Glaube will nicht Menschen, die vor der Verantwortung fliehen, sondern unser Gott ist ein Gott, der die Aufbrüche segnet und Menschen bei ihren Aufbrüchen begleitet."[121]

Zurück an den – immer noch nicht zu Asche zerbröselten – Dornbusch in der midianitischen Steppe: Möglich, dass Mose inzwischen den Gesichtsschleier abgenommen hat, den Horizont nach seinen davongewanderten Schafen absucht und eine leichte Benommenheit verspürt.
Der Theologe Sören Kierkegaard aus Kopenhagen nennt es „das Schwindelgefühl der Freiheit".[122]
Manche sehr persönlichen, individuellen Ängste hat Gott ihm genommen, aber was ist mit den kollektiven und den unterbewusst-diffusen Ängsten? Zur Angst vor der Freiheit kommt die Angst vor der Zukunft.

Womit würden wir heute einem Zukunftsverweigerer helfen? Was braucht Mose jetzt? Einen Motivationstrainer à la Jürgen Höller?: „Stell dich vor den Spiegel, Mose, und sage Shaka! Ich bin der Beste!"[123]

Oder die Bücher von Dale Carnegie und Vincent Peale auf dem Nachttisch: „Sorge dich nicht, lebe" und „Die Kraft des positiven Denkens"?

Oder, noch besser, braucht Mose jetzt einen charismatischen Fernsehprediger, der ihm nachts auf frommen Privatsendern sagt: „Mose, you can do it! Einfach glauben! Davon wird man reich, gesund und mächtig"?

Für die brasilianischen, nigerianischen und amerikanischen Wohlstandsprediger stimmt das sogar. Sie sind Millionäre geworden dank der Spenden ihrer Megachurch-Gläubigen. Aber für die „Kinder, deren Schreien in Ägypten Gott gehört hat", stimmt es eben nicht.

Jeder Nicht-Geheilte, jede chronisch Kranke, jede arm bleibende Familie in den Favelas von Rio, den Slums von Lagos und den Hüttendörfern von Mississippi müsste diese Siegesrhetoriker in eine Glaubwürdigkeitskrise stürzen, könnte sie bescheidener, demütiger machen.

Mose scheint so was vorauszusehen, und weil er nicht als Maulheld im weißen Dreiteiler vor die Kameras treten will, stellt er die entscheidende Frage:

Was ist mein Beglaubigungsschreiben? Hab' ich eine Ernennungsurkunde, ein Ordinations- oder Approbationszeugnis? Gibt 's ein allgemein anerkanntes Zertifikat?

„Wenn ich zu den Israeliten komme und spreche zu ihnen: Der Gott eurer Väter hat mich zu euch gesandt, und sie mir sagen werden: Wie ist sein Name? Was soll ich ihnen (dann) sagen?"[124]

Nanu? Wieso vermutet Mose, die Auskunft „der Gott eurer Väter hat mich gesandt" könne nicht genügen? Ist das nicht ein Wort-wie-Donnerhall, eine Absenderadresse, die keine Zweifel übrig lässt? Eine Art himmlischer Diplomatenpass?

Was mich an der Bibel so fasziniert – neben vielem anderen – ist die unüberlesbare Tatsache, dass sie sich nicht vereinnahmen lässt und auch gegen moderne fromme Vereinnahmung sperrig bleibt:

Wenn den seit vielen Generationen in Ägypten lebenden Hebräern zum „Gott unserer Väter" nichts einfällt –

keine bestimmte Vorstellung, kein ansprechbarer Name, kein vertrautes spirituelles Gegenüber –, dann kann es mit ihrer kontinuierlichen „Gläubigkeit" seit Noah, Abraham, Jakob und Josef nicht weit her sein. Dann scheint der ortsübliche, alltägliche Polytheismus Ägyptens – der praktische Vielgötterglaube – auch auf sie abgefärbt zu haben oder immer schon da gewesen zu sein. Mose wird sagen: „Gott schickt mich", und die Israeliten werden fragen: „Welcher?"

Ausweichen kann man dieser ernüchternden Auskunft nur, wenn man sie als rhetorische Frage, als Gesprächsmanöver des Mose lesen will: Er legt den imaginierten Israeliten in den Mund, was er selbst jetzt und hier wissen will: „Wer um alles in der Welt bist du?!"

Und Gott antwortet mit einem schier unübersetzbaren, tatsächlich un-denk-baren Namen.

10

Der Name. Das Programm gegen Angst

Ist das, was Mose jetzt zu hören kriegt, nur ein etwas umständlicher Name – oder ist es eine umfängliche Antwort? „'ehjeh 'ascher 'ehjeh" müsste man den hebräischen Text in unseren lateinischen Buchstaben wiedergeben. Klingt wie das Knistern eines brennenden Dornbuschs, verwendet aber die im Hebräischen sehr geläufigen Verben für „da sein, sich ereignen, geschehen", dann „der" oder „das" im Sinne eines Relativpronomens – und dann wieder „da sein", was aber grammatikalisch auch Futur sein könnte. Manchmal heißt „'ehjeh" auch einfach nur „sein, existieren", weshalb die älteste griechische Übersetzung des Alten Testaments, die sogenannte „Septuaginta"-Bibel, „Ich bin der Seiende" sagt.

Martin Buber (1878–1965), der großartige jüdische Philologe aus Wien, übersetzt „Ich werde da sein, als der ich da sein werde"[125], was den ganzen Satz ins Futur setzt. Man könnte auch sagen „Ich bin, was ich sein werde."

Sind das exegetische Haarspaltereien, ist das sprachwissenschaftlicher Fliegenschiss? Es geht noch kleinteiliger:

Weil im ursprünglichen Text nur die Konsonanten notiert waren und im hebräischen Alphabet der Unterschied zwischen „j" und „w" nur mit starker Lesebrille erkennbar ist, kann man das zweite „'ehjeh" auch von der Wortwurzel „hwh" ableiten und überhaupt erst aussprechen, wenn man Vokale hinzufügt und „'ehjeh ascher ‚ahweh" liest.[126]

Bei Bibelkennern klingelt da was: Hier ist der Ursprung des Gottesnamens „Jahwe", der von Juden seit dem ersten vorchristlichen Jahrhundert aus Ehrfurcht (!) nicht ausgesprochen, sondern durch „Adonaj" („Herr") oder „Haschem" („Name") ersetzt wird. JHWH, Jahwe.

Na schön, aber was hat Mose davon, in seinen zahlreichen Zukunftsängsten?

Dass Gott sich ihm nicht in einem diffus philosophischen Substantiv offenbart („Ich bin das Sein an sich"), sondern – wie Grundschüler sagen würden – in einem „Tu-Wort"! Gott ist so dynamisch, den kann man nur als Verb beschreiben. Gewagt weitgehende, aber meiner Meinung nach zutreffende Übersetzungen wären: „Ich bin, was ich tun werde"[127] oder sogar „Ich werde da sein, präsent, leitend, helfend, stärkend, befreiend."[128]

„Sage den Israeliten: Der ‚Immer mit dir Seiende, bei dir Bleibende, für dich Handelnde' hat mich gesandt."[129]

Ein arg verschwurbelter Name? – Nein, eine klare Antwort auf Ängste aller Art.

Moses Name ist eine kurze Erzählung aus angstvoller Vergangenheit:

„Den man aus dem Wasser zog".
Gottes Name ist eine zeitlose Verheißung für eine Zukunft in Geborgenheit:
„Der bei dir und mit dir und für dich sein wird."

Es gibt in der Bibel keine Erscheinungserzählungen, in denen sich Gott „nur mal so" zeigt, als eine Art mystisches Kinoentertainment. Offenbarungsgeschichten sind immer mit Beauftragungen, mit Weisungen verbunden.
Gott nennt seinen Namen, und der ist ein „Machtwort". Gesprochen auf die Frage des Mose hin, in wessen Auftrag und Legitimation er denn die Sklaven „in die Freiheit führen" solle. Mose wird also nicht als selbst ernannter Politaktivist vor die Machthaber treten oder den unterdrückten Leidenden sagen „Ich hätte da mal 'ne Idee", sondern er wird „im Namen Gottes" reden und handeln. In dessen Autorität und Vollmacht.

Wer schon mal krankheitsbedingt bettlägerig einen Verwandten oder einen Freund auf die Bank, auf eine Behörde oder gar zum Notar schicken musste, um etwas zu erledigen, weiß, was eine „Vollmacht" ist. Ich bevollmächtige jemanden per Unterschrift, in meinem Namen Geld zu überweisen oder Anträge zu stellen oder Urkunden abzuholen.
Gottes Name enthält die Aussage an Mose „Ich bevollmächtige dich."
Gegen deine individuellen Ängste, nicht zu genügen und nicht genügend zu können. Gegen eure kollektiven

Ängste, keine Zukunft in Freiheit zu haben. Gegen alle Sorten von Ängsten bist du ab jetzt ausgestattet mit der Zusage „Ich bin mit dir."

Lassen wir an dieser Stelle mal den naheliegenden Gedankenausflug weg, wie viele Scharlatane und Sektierer diese „Vollmacht" nur behaupten und missbräuchlich beanspruchen, um sich selbst bei Geängstigten und Leidenden „einen Namen zu machen". Um als Wunderheiler oder frommer Wohlfühlzauberer populär, mächtig und reich zu werden. Springen wir stattdessen ein paar Hundert Jahre jüdische Geschichte voraus.

Als der Prophet Jesaja zwischen 736 und 701 v. Chr. das Kommen eines gottgesandten Retters voraussieht, da kündigt er diesen „Messias" mit genau jenem Namen an, den Mose am brennenden Dornbusch gehört hat:

„Siehe, eine junge Frau ist schwanger und wird einen Sohn gebären, den wird sie Immanuel nennen."[130] „Gott ist mit uns", heißt das.

Kein Zufall, dass dieser Name zitiert wird, als wieder ein Engel erscheint. Diesmal innerhalb einer Wohnung, also ohne brennenden Dornbusch. Wegen der Brandschutzvorschriften, vermute ich. Aber wieder erscheint er ohne Vorwarnung, ohne religiöse Vorleistung des Gegenübers und wurde nicht herbeigebetet oder -gesungen. Gottes Engel überrascht einen verzweifelten jungen Mann, der gerade den Crash seiner unbeschwerten Heiratspläne erlebt: Seine Verlobte ist schwanger, aber nicht von ihm. Er wurde scheinbar betrogen und steht obendrein im Verdacht, seinen Schwiegervater um den Brautpreis betrogen zu haben. Er ist Opfer und Hauptverdächtiger zugleich.

„Es ist zum Davonlaufen", denkt er[131], und das sagen wir noch heute umgangssprachlich.

Da hört der arme Kerl nachts: „Josef, du Sohn Davids" (klingt wie „Ich bin der Gott deiner Väter, erinnere dich deiner Vorfahren"), „fürchte dich nicht, Maria, deine Frau, zu dir zu nehmen, denn was sie empfangen hat, ist vom Heiligen Geist. ... Das ist alles geschehen, damit erfüllt würde, was der Herr durch den Propheten gesagt hat: Siehe, eine Jungfrau wird schwanger sein und einen Sohn gebären, und sie werden ihm den Namen Immanuel geben, das heißt übersetzt ‚Gott mit uns'."[132]

Jesus wird die Mensch gewordene Namens- und Wesensoffenbarung Gottes werden, der „Jahwe unter euch", hören Josef und Maria.

Es folgen: eine Geburt unter ärmlichsten Verhältnissen, ein staatlich angeordneter Kindermord, eine Flucht, eine Berufung und die lebenslange Debatte „Ist er wirklich von Gott bevollmächtigt, in wessen Autorität, in wessen Namen will der uns in die Freiheit führen, dieser Immanuel Jesus?"[133]

Wir sind nicht die ersten, denen die Parallelen zur Mose-Erzählung auffallen.

Welche Lebensmöglichkeiten, welche Chancen, welche Spielräume tun sich da auf!

Was bedeutet dieses „Ich bin der Immanuel, der dir beistehende, handelnde Jahwe" für den weiteren Lebensweg!

Und wieder ist die Bibel so menschenkundlich klug, den Mose jetzt nicht erfahrungsstolz und sendungsbewusst zu Reguel und Zippora zurückkehren zu lassen – „ich hatte eine Erscheinung! Ich habe eine Berufung!" –, sondern sie erzählt quälend detailliert, wie sich die Ängste vor Vergangenheit und Gegenwart, die Sorge ums unabänderliche So-Sein, die Angst vor dem Ungenügen und die Angst vor der Freiheit in lauter plausible kleine Argumente schnetzeln lassen.

Mose hat sich bisher über seine Defizite definiert und wird es in Exodus 4 endlos weiter tun. Er wird eine Art Anti-Bewerbungsgespräch führen: „Sie werden mir nicht glauben"[134], „Ich kann nicht überzeugend reden"[135], und wenn ihm alle Ausreden widerlegt wurden, wird er lapidar maulen: „Ach Herr, sende doch, wen du willst."[136] Zu Deutsch: Ich hab' keine Lust.

Erst da wird „der Herr sehr zornig über ihn".[137]

Und was tut Gott in seinem Zorn? Lässt er eine Stichflamme aus dem Dornbusch schießen und diese Fehlbesetzung verbrennen?

Nein, er bleibt mit dem im Gespräch, der das Gespräch eigentlich schon für beendet erklärt hat:

„Gibt es da nicht deinen Bruder Aaron? Ich weiß, dass er beredt ist. Und siehe, er wird dir entgegenkommen, und wenn er dich sieht, wird er sich von Herzen freuen."[138]

Mose winkt ab.
Gott winkt den Bruder herbei.
Mose weiß, was er nicht kann.
Gott weiß, wer ihm helfen kann.
Mose mault übellaunig.
Gott stiftet herzliche Freude.
Mose fühlt sich allein gegen alle.
Gott stellt ihm ein Team zusammen.
Mose, Aaron, später auch Miriam[139] werden sich gegenseitig „ent-ängstigen".

„Ich bin der, der mit dir ist und bei dir bleiben wird" – dieser Gottesname ist mehr als die vage Hoffnung, es möge sich ein Seelen-Airbag öffnen.

Dieser Name bildet ein Selbstverständnis, ein Selbst-Bewusstsein, das mit den unvermeidlichen Ängsten unseres Alltags umgehen kann.

Anhang

1 Matthäus 9,22
2 Matthäus 12,24
3 Matthäus 26,37b nach Züricher Übersetzung 1971
4 Lukas 22,44
5 Hebräer 5,7 nach Züricher Übersetzung 1971
6 Jeremia 4,31
7 Hiob 36,16
8 Jesaja 8,22 a.a.O.
9 Psalm 116,3 und 4
10 Johannes 16,33
11 Francis S. Collins: „Gott und die Gene", Gütersloh 2007, S. 92
12 Anton Tschechow: „Schwere Naturen", S. 211–220 in Gerhard Dick und Wolf Düwel (Hrsg.): Anton Tschechow: Das schwedische Zündholz. Kurzgeschichten und frühe Erzählungen. Deutsch von Georg Schwarz, Berlin 1965
13 Exodus 1,7
14 Genesis 42,5
15 Genesis 45,1 bis 14
16 Genesis 41,57
17 Thilo Sarrazin: „Deutschland schafft sich ab" 2010 und „Feindliche Übernahme" 2018
18 Genesis 47,3 und 6
19 Exodus 1,8 bis 10a,13 und 14
20 Exodus 1,12
21 Exodus 1,22
22 Exodus 1,19
23 Exodus 6,20 und 26
24 Exodus 2,3 bis 8

25 Exodus 2,7 bis 9
26 Exodus 2,10
27 Sigmund Freud: Der Mann Moses und die monotheistische Religion, Fischer, Frankfurt am Main 1999, Jan Assmann: „Moses, der Ägypter". Entzifferung einer Gedächtnisspur", Hanser, München 1997
28 Apostelgeschichte 7,22
29 Anton Tschechow a.a.O.
30 Exodus 2,11a
31 Apostelgeschichte 7,22
32 Exodus 2,11 und 12
33 Exodus 2,14b und 15
34 Thomas Mann: „Das Gesetz. Erzählungen", Stockholm 1944, Thomas Mann: Das Gesetz. In: Der Tod in Venedig und andere Erzählungen. Frankfurt 2003
35 Exodus 20,13
36 Exodus 2,22
37 Bundesagentur für Arbeit, statista-Presseinformation Nr. 28 vom 30.10.2018
38 https://www.govdata.de/dl-de/by-2-0
39 Augsburger Allgemeine, zitiert nach Süddeutsche Zeitung vom 14.12.2018
40 https://www.govdata.de/dl-de/by-2-0, zitiert nach „Tagesspiegel" vom 22.04.2018
41 Der Präsident des Bundeskriminalamts, Holger Münch, am 11. April 2019 in der ZEIT, S. 2
42 Statistisches Bundesamt Wiesbaden, zit. n. „Tagesspiegel" vom 27.01.2018
43 Distatis, Pressemitteilung Nr. 251 des Statistischen Bundesamts vom 10.07.2018
44 Grundgesetz Artikel 4 Absatz 1
45 Peter Rühmkorf: „Selbstporträt", in: „Haltbar bis Ende 1999", Rowohlt Verlag, Reinbek 1979
46 Heinz Bude: „Gesellschaft der Angst", zit. n. Publik Forum Nr. 17/2018, Seite 28

47 Zit. n. Mariam Lau in ZEIT vom 27.09.2012, Seite 14 und 21. März 2013, Seite 6
48 Verfassungsschutzbericht, vorgestellt am 28.06.2013 Bundespressekonferenz
49 https://www.govdata.de/dl-de/by-2-0, zitiert nach „Tagesspiegel" vom 22.04.2018
50 Ex-AfD-Politiker Andre Poggenburg im Landtag v. Sachsen-Anhalt, zit. n. Anne Hähnig und Martin Machowecz in ZEIT v. 16.2.2017, Seite 7
51 Die AfD-Vorsitzende Alice Weidel am 16. Mai 2018 in der Haushaltsdebatte des Bundestages, zit. n. ARD Tagesschau 16.05.2018, 20.00 Uhr.
52 Ex-AfD-Chefin Frauke Petry am 11.09.2016 in der WELT
53 Anne Strotmann in „Publik Forum" 17/2018, Seite 28
54 Zit. n. ZEIT vom 12. Juli 2018, Seite 41 „Von rechter Traute"
55 Horst Seehofer auf der CSU-Klausurtagung, zit. n. ARD Tagesschau vom 06.09.2018, 12.00 Uhr
56 Sarah Keshtkaran in Zeitschrift „Joyce" 4/2018, S. 49
57 Lukas 1,11 und 12
58 Lukas 1,28 und 29
59 Lukas 2,8 und 9
60 Exodus 3,2 und 3
61 Exodus 3,4 und 5
62 Apostelgeschichte 7,22
63 Exodus 3,1
64 Apostelgeschichte 7,30
65 Jesaja 43,1
66 Genesis 2,15
67 Exodus 3,5
68 Exodus 2,22
69 Exodus 19,3
70 Exodus 25,10 bis 16
71 Exodus 26
72 1. Könige 6,1
73 Exodus 40,9

74 Exodus 3,5
75 Exodus 3,5
76 Exodus 4,2 bis 4
77 Exodus 3,6a
78 Exodus 3,6b
79 Hebräer 11,8 bis 21
80 Genesis 12,13 bis 15
81 Genesis 22,9 und 10
82 Genesis 27,22 bis 24
83 Genesis 30,40 bis 43
84 Genesis 29,32 bis 34
85 Genesis 31,34 und 35
86 Michael Serres: „Was genau war früher besser?", Suhrkamp Verlag 2018
87 Ernst Klee: „Auschwitz. Ein Personenlexikon. Was aus ihnen wurde.", S. Fischer Verlag, Frankfurt 2013
88 Psalm 23,4
89 3. Mose 19,14
90 Sprüche 10,27
91 Sprüche 14,27
92 Jesaja 33,16
93 Jeremia 32,40
94 Jesaja 41,10
95 Jesaja 43,1
96 Matthäus 14,26
97 Lukas 21,26
98 1. Johannes 4,18
99 Sören Kierkegaard: Über die Angst, in: Sören Kierkegaards gesammelten Werke, hrsg. v. Emmanuel Hirsch, Hayo Gerdes und Hans-Martin Junghans, 1950 bis 1969, Bd 1, Abt 7, S. 11 ff
100 Sören Kierkegaard: Tagebücher Bd 1 S 26 f, zitiert n. Joakim Garff: Kierkegaard, Biografie, Hanser-Verlag München 2000, S. 55
101 M. Luther: Brief an Jonas von Stockhausen 1532, in: Ausge-

wählte Schriften, hrsg. von Karin Bornkamm und Gerhard Ebeling, Insel Verlag, Frankfurt 1983, Bad VI S. 152 f
102 Martin Luther: Auslegung des Magnificat 1521, in: Ausgewählte Schriften, hrsg. v. Karin Bornkamm und Gerhard Ebeling, Insel-Verlag, Frankfurt 2. Aufl. 1983, Band 2, Seite 120
103 Sören Kierkegaard, zit. n. Joakim Garff: Kierkegaard Biographie, München 2000, S. 166
104 Zit. n. Otto A. Böhmer: Reif für die Ewigkeit, München 2013, S. 43 ff
105 Prof. Thorsten Dietz, Dissertation „Der Begriff der Furcht bei Luther", zit. nach https://www.lkg.de/luther-und-die-angst, abgerufen 24.04.2018, siehe auch: Ev. Gemeindeblatt für Württemberg Nr. 41/2017, Seite 5.
106 Exodus 3,7
107 Z. B. Psalm 22, Psalm 142 u.v.a.
108 Dietrich Bonhoeffer in einem Brief an Maria von Wedemeyer am 19.12.1944, zit. n. „Geistliches Wunderhorn. Große deutsche Kirchenlieder", hrsg. v. Jürgen Henkys, C. H. Beck, München 2001, S. 452 ff
109 Zitiert nach „Christ & Welt" vom 14.03.20129, S. 4
110 Matthäus 5,3 bis 10
111 Heinrich Heine: „Deutschland, ein Wintermärchen" in: Sämtliche Schriften, hrsg. von Klaus Briegleb, München 1975 bis 85, Band IV, Seite 577
112 Dietrich Bonhoeffer: „Nachfolge", hrsg. von Eberhard Bethge; München 1982, Seite 61ff
113 1. Korinther 1,18 bis 21
114 Exodus 3,10
115 Exodus 4,19
116 Exodus 3,11
117 Erich Fromm: „Die Furcht vor der Freiheit", Frankfurt 1941, Neuauflage dtv 1993
118 Johano Strasser: „Gesellschaft in Angst", Gütersloh 2013, S. 129/130
119 Immanuel Kant: „Was ist Aufklärung?", Königsberg 1784, in:

120 „Klassiker der Philosophie" Band 3, 2016
121 Ex-Bundespräsident Joachim Gauck in seiner Rede am 31. Januar 2019 in der Katholischen Akademie Bayern, zit. n. „Christ & Welt" vom 14. Februar 2019, Seite 5
122 Sören Kierkegaard: Der Begriff Angst, hrsg. v. Hermann Diem, dtv Neuauflage 2005
123 Jürgen Höller: „Alles ist möglich. Strategien zum Erfolg", Econ-Verlag 2000
124 Exodus 3,13
125 Zit. n. Hans Küng „Das Judentum", München 1991, S. 67
126 W. H. Schmidt: Biblischer Kommentar zum AT, Neukirchen 1988, S. 169 bis 171
127 Jack Miles: „Gott. Eine Biographie", München 1995, S. 122
128 Hans Küng: „Das Judentum", München 1991, S. 67
129 Exodus 3,14 b
130 Jesaja 7,14
131 Matthäus 1,19
132 Matthäus 1,20,22 und 23
133 Matthäus 13,54 bis 57
134 Exodus 4,1
135 Exodus 4,10b
136 Exodus 4,13
137 Exodus 4,13 und 14
138 Exodus 4,14
139 Exodus 15,20

Giesekus / Malessa

**Männer sind einfach
... aber sie haben's nicht leicht**

Taschenbuch
160 Seiten
ISBN 978-3-7655-4281-7

Was bedeutet es heute, Mann zu sein? Alte Rollen sind nicht mehr gültig, den Lebensrahmen muss sich jeder selber zimmern. Das birgt große Chancen. Der Psychologe Ulrich Giesekus und der Theologe Andreas Malessa zeigen, was Mannsein in unserer heutigen Gesellschaft bedeutet und wie Männer zu neuen Horizonten aufbrechen können. Eine kräftige Motivation für jeden Mann und ein Buch für alle, die Männer besser verstehen wollen.

www.brunnen-verlag.de

Andreas Malessa

Was gibt's da zu feiern?!

Weihnachtsgeschichten, kurz und gut

Taschenbuch
128 Seiten
ISBN 978-3-7655-4340-1

Wenn sich Weihnachtsmärkte zu Rummelplätzen entwickeln und Glühwein-Partylaune jede feierlich-festliche Stimmung verdrängt – dann wird es Zeit für Humor mit Tiefgang. Für Anekdoten, die uns nachdenklich schmunzeln lassen. Für Geschichten, die den Grund zum Feiern anschaulich beschreiben: Christus ist geboren.

Was gibt's da zu lachen?!

Advent und Weihnachten, mal so gesehen

Taschenbuch
112 Seiten
ISBN 978-3-7655-4164-3

Nachdenkenswertes und Tiefsinniges, ohne Kitsch und Sentimentalität, dabei immer pointiert und vergnüglich: In 12 Geschichten und (vor)weihnachtlichen Betrachtungen nimmt Andreas Malessa augenzwinkernd den hektischen Alltag im Dezember aufs Korn.